THÈSE

POUR

LE DOCTORAT.

DE LA

QUOTITÉ DISPONIBLE

IMPRIMERIE DE GUIRAUDET ET JOUAUST,
338, RUE SAINT-HONORÉ.

DE LA
QUOTITÉ DISPONIBLE

THÈSE
POUR LE DOCTORAT

SOUTENUE

DEVANT LA FACULTÉ DE DROIT DE RENNES

Par A.-G. JOUAUST

PARIS

VEUVE JOUBERT, LIBRAIRE,

14, RUE DES GRÈS

1851

INTRODUCTION.

Le titre du Code civil qui a pour objet les donations et les testaments rappelle tout ce qui peut intéresser l'homme le plus vivement, tout ce qui peut captiver ses affections.

(BIGOT-PRÉAMENEU, Exposé des motifs du tit. II, liv. 3, du Code civil.)

SOMMAIRE.

I. — *Des restrictions imposées à la libre transmission des biens à titre gratuit. Coup-d'œil sur différentes législations.*

II. — *La réserve est de droit naturel.*

III. — *Importance, au point de vue social, du statut limitatif des libéralités.*

I. — La libre disposition de la chose à titre gratuit est de l'essence même du droit de propriété; et, sous ce rapport, la loi romaine, quand elle disait : *Uti legassit paterfamilias super pecunia, tutelave suæ rei, ita jus esto*, était la consécration la plus explicite de ce droit.

Cependant, chez presque toutes les nations modernes, comme chez la plupart des nations les plus civilisées de l'antiquité, on rencontre des exceptions à ce principe.

Dans la république d'Athènes, par exemple, lorsqu'un père de famille laissait à son décès des enfants mâles légitimes, il n'avait la libre disposition d'aucun de ses biens, si ce n'est de la minime portion appelée νοθεια, et applicable aux bâtards, νοθοι.

1

Les enfants adoptifs, παῖδες θετοὶ, avaient droit, comme les enfants légitimes, à la totalité de la succession. Les filles légitimes obtenaient aussi toute l'hérédité, mais à la charge d'épouser leur plus proche parent.

Ces cas exceptés, les lois de Solon permettaient au père de famille de choisir son héritier; mais c'était par une innovation contraire aux anciennes lois athéniennes, qui voulaient qu'en toutes circonstances la famille du défunt recueillît seule l'hérédité.

Nous n'avons pas de notions aussi explicites sur le droit des autres peuples grecs; nous savons seulement, par quelques passages des anciens auteurs, que chez plusieurs de ces peuples la faculté de tester était restreinte par des lois favorables aux héritiers du sang. (Antiquités grecques de Robinson, *passim*.)

Il n'est pas nécessaire de parler ici des différentes phases de la législation romaine en matière de réserve et de quotité disponible. Cette étude sera tout entière approfondie et développée dans la première partie de notre thèse. Nous nous bornons à indiquer le droit romain pour éviter une lacune apparente.

Chez les anciens Germains, on ne pouvait disposer de ses biens sans le consentement des héritiers. Ces peuples n'avaient d'ailleurs aucun usage des testaments : *Apud quos heredes successoresque sui unicuique liberi, et nullum testamentum. — Si liberi non sunt, proximus gradus in successione fratres, patrui, avunculi.* (Tacite, De mor. Germanorum.)

Nous savons encore trop peu de choses sur la constitution intime de la famille gauloise, pour hasarder une opinion sur les coutumes des populations qui habitaient notre pays avant la conquête des Francs et des autres tribus germaines. Mais il est permis de conjecturer que son organisation intérieure offrait de grands rapports avec celle de la famille germaine. Toutefois, après la conquête romaine, le droit romain s'étendit de plus en plus dans ces provinces, surtout au midi.

Quoi qu'il en soit, les lois barbares dont nous venons de parler subirent d'importantes modifications quand les peuplades germaines se furent répandues sur le territoire de l'empire; et plusieurs tribus, les Francs Saliens, les Ripuaires, les Lombards, entre autres, remplacèrent le testament, qui n'existait pas dans leurs anciennes coutumes, mais dont ils pouvaient journellement apprécier les avantages, par une espèce d'institution contractuelle, ou plutôt par une donation d'hérédité.

Un texte de la loi salique, très long et très détaillé, nous a transmis les formalités usitées pour investir de cette donation l'héritier que l'on se choisissait : *Ipsum quem heredem deputavit..., quem heredem appellavit.* (Titre 49.)

Suivant la loi ripuaire, cette donation ne s'appliquait qu'au cas : *Si quis procreationem filiorum vel filiarum non habuerit.* (Titre 50.)

Au contraire, la loi lombarde, révisée par Charlemagne, n'admettait pas cette restriction : *Qui filium legitimum habuerit, et alium quemlibet heredem sibi facere voluerit, coram comite, etc.* (Capit. 4, anno 803, n° 7.)

Mais si, laissant de côté ces législations barbares, très obscures sur tout ce qui concerne la transmission des biens, en raison des termes étrangers dont elles sont toutes plus ou moins surchargées, nous nous transportons au règne des coutumes, nous trouvons établi avec la plus grande sévérité le principe de la restriction des libéralités, soit testamentaires, soit par actes entre vifs.

La coutume de Normandie, réputée la plus sage de toutes, dit que : « Personne âgée de vingt ans accomplis peut donner la *tierce partie* de son héritage et biens immeubles, soit conquets, acquets ou propres. » (Art. 431.)

La même restriction existe pour le testateur sans enfants. (Art. 322.)

« Le testateur ayant enfants, ou descendants d'eux habiles à lui succéder lors de son décès, ne peut disposer de ses meubles par testament *plus avant que d'un tiers*, sur lequel tiers sont portés les frais des funérailles et legs testamentaires. » (Art. 429.)

Toute disposition d'immeubles était interdite dans ce cas.

La coutume de Bretagne présente des règles analogues, qui toutes, de l'aveu unanime des commentateurs, ont pour but unique de sauvegarder l'intérêt des héritiers.

La très ancienne coutume, dans son chapitre 42, disait : « Toute personne qui est pourvûe de sens, peut donner le tiers de son héritaige à autres personnes qu'à ses hoirs, en cas qu'ils ne le feraient par fraude contre leurs hoirs, et si peut-il ses meubles ».

L'ancienne coutume, dans son article 218, portait : « Toute personne pourvûe de sens peut donner le tiers de son héritage à autres qu'à ses hoirs, au cas qu'elle ne le ferait par fraude contre ses hoirs. »

Lors de la révision qui produisit *la nouvelle coutume*, ces deux articles furent profondément modifiés, et devinrent les art. 199, 200, 201.

L'art. 199 introduisit la haine des héritiers comme vice annulant la donation.

L'art. 200 expliqua que le tiers disponible s'appliquait aux biens de chaque *branchage* ou ligne, afin que les héritiers de chaque *estoc* ne pussent être grevés que du tiers des biens de leur ramage.

Enfin, l'art. 201 disposa que la donation ne pourrait être assignée sur la principale maison de chaque estoc; et c'était l'héritier qui avait la faculté de désigner cette principale maison. (Voir les 30ᵉ et 31ᵉ Consultations d'Hévin.)

Quant à ce qui concerne les meubles, pour en avoir la libre disposition, il fallait non seulement posséder des immeubles, mais il fallait encore que leur valeur surpassât celle des biens mobiliers. Si le donateur n'avait pas d'immeubles, ou n'avait que des immeubles d'une moindre importance que ses meubles, il ne pouvait disposer que d'un tiers de ces derniers, les dettes et les frais funéraires déduits de leur valeur. (Art. 203.)

Par une dernière précaution en faveur des héritiers, celui qui avait reçu une donation d'immeubles ne pouvait recevoir aucune portion des meubles (art. 203), et réciproquement, quoique le texte de la coutume ne le dise pas; car l'intention des réformateurs de l'ancienne coutume était évidemment que l'on ne pût augmenter le disponible par deux donations d'espèce différente.

La coutume de Paris, dans son dernier état, réservait à l'héritier légitimaire la moitié de ce qu'il aurait eu s'il eût succédé *ab intestat*. Cette proportion a été admise dans le code autrichien, et dans plusieurs autres législations modernes.

L'influence du vieux droit coutumier se fait encore sentir dans la législation anglaise, qui a gardé tant de souvenirs de l'ancienne organisation féodale.

Nous pourrions multiplier à l'infini ces citations des coutumes; il nous suffit d'avoir indiqué dans quel esprit elles étaient presque toutes rédigées.

Les lois du 17 nivôse an II et du 4 germinal an VIII furent conçues dans des idées au moins aussi favorables pour les héritiers du sang. Sous la loi du 17 nivôse, le disponible pour le père laissant un ou plusieurs enfants, n'était, dans tous les cas, que d'un dixième, à l'égard des étrangers, et d'une part d'enfant, quand il gratifiait un ou plusieurs de ses enfants. De plus, cette loi établissait une réserve en faveur des collatéraux. — Sous la loi du 4 germinal, la réserve, qui s'étendait aussi en ligne collatérale, était des trois quarts si le défunt laissait moins de quatre enfants, des quatre cinquièmes s'il en laissait quatre, des cinq sixièmes s'il en laissait cinq, etc.

Avant ces lois, la loi des 8-15 avril 1791 avait proclamé

l'égalité des partages en matière de successions; puis était venue une loi des 7-11 mars 1793, portant pour disposition unique : « La faculté de disposer de ses biens, soit à cause de mort, soit entre vifs, soit par donation contractuelle en ligne directe, est abolie ; en conséquence, tous les descendants auront un droit égal sur le partage des biens de leurs ascendants. »

II. — En examinant les principes fondamentaux de toutes les dispositions restrictives de la nature de celles dont nous venons de parler, on trouve qu'elles peuvent émaner, soit de la reconnaissance des idées innées que le droit emprunte à la conscience, et qu'il sanctionne par la loi positive, après les avoir puisées dans la loi naturelle : et alors ces restrictions sont de droit naturel ; — soit des nécessités de l'ordre social, qui commandent le sacrifice de l'intérêt particulier pour la conservation de la société : et alors elles sont de droit civil.

Dans ce dernier cas, elles trouvent naturellement place dans la loi par leur essence même; tandis que, dans le premier, c'est leur utilité et non leur moralité qui les signale à l'attention du législateur (1).

Car la société a sans doute le droit de prendre des mesures pour sa propre conservation ; mais les obligations de la conscience ne doivent pénétrer dans le domaine de la loi que lorsque l'état social y est intéressé.

Par conséquent, pour apprécier juridiquement le mérite du statut qui règle la quotité disponible, nous devons examiner

(1) On conçoit en effet que le domaine de la loi n'est pas le même que celui de la morale : en ce sens que, si la loi doit toujours être morale, tout ce qui est moral peut n'être pas érigé en loi positive. C'est ainsi que Cicéron disait : *Omne quod licet, non honestum est;* faisant ressortir la différence qui existe entre le for extérieur et le for intérieur, entre l'obligation civile et l'obligation morale.

(abstraction faite du devoir moral, où il prend sa source) si l'organisation sociale réclame qu'il soit érigé en disposition légale.

Mais cette étude demande que nous nous occupions d'abord de l'origine, soit naturelle, soit civile, du statut limitatif des libéralités.

Les sentiments imprimés dans le cœur de l'homme par la divinité lui créent l'impérieux devoir de vouer son existence au bonheur de ses enfants, de leur sacrifier sa vie, et d'assurer leur sort en leur transmettant ses biens à l'époque où il les laissera seuls sur la terre. Telle est, suivant nous, l'origine naturelle de la loi qui empêche le père de famille de disposer de son patrimoine au détriment de ses enfants. Cependant quelques légistes, s'appuyant sur un passage de Montesquieu, n'ont vu dans la loi qui nous occcupe qu'un précepte du droit civil.

On lit en effet dans Montesquieu que, par le droit naturel, *les pères sont obligés de nourrir et de protéger leurs enfants jusqu'à ce que ceux-ci soient en état d'y pourvoir eux-mêmes, mais non de les instituer héritiers, les successions dépendant en entier de la loi civile.*

Cette opinion, que nous croyons erronée, provient du milieu dans lequel vivait Montesquieu, et des préjugés que les anciennes règles de succession, si peu conformes à la nature, avaient fortifiés au point d'obscurcir les plus saines notions du juste et de l'injuste (1). Aussi voyons-nous, dans les dis-

---

(1) Peut-être trouvera-t-on bien sévère le jugement que nous portons ici, et pourrait-on justifier Montesquieu, en alléguant que ce qu'il écrivait avait plutôt trait à l'origine même des sociétés qu'à la constitution actuelle des états européens, où la fortune de chaque citoyen est un des éléments de son état civil. Nous reviendrons plus bas sur cette matière, et nous y développerons plus explicitement notre pensée.

cussions au conseil d'état, Maleville, esprit sain et libéral par ailleurs, s'étayer de la fausse doctrine de Montesquieu pour justifier l'ancienne inégalité des partages entre les aînés et les cadets, entre les garçons et les filles.

Dans ces mêmes discussions, Tronchet, au contraire, répondait avec beaucoup de raison à Portalis et à Maleville que la loi naturelle voulait que celui qui avait donné le jour à un enfant lui laissât aussi ses biens.

Il est facile, du reste, de comprendre la cause du dissentiment de ces législateurs. Rien de plus vague que ces expressions, *droit naturel.* Tronchet, en établissant la loi naturelle pour principe de l'institution d'une légitime, aurait dû développer sa pensée, qui, suivant nous, était celle-ci : *L'homme est né pour la société, qui est son état normal, naturel; toute tendance innée en lui, et concourant à la conservation de la société, émane par cela même du droit naturel* (1).

Cette pensée, ainsi développée, ne s'éloignait aucunement des principes posés par Bigot-Préameneu, dans un rapport que nous allons bientôt examiner. Nous pensons donc que cette explication eût mis fin à la discussion, et que l'on n'eût pas refusé de voir l'influence du *droit naturel* dans une matière où l'on s'empressait d'ailleurs de reconnaître l'influence de *la tendresse naturelle.* Nous pensons surtout que Portalis, trop imbu de la philosophie de Jean-Jacques, n'eût pas répondu à Tronchet en confondant le *droit naturel* avec l'*état de nature,* qui n'est que l'*état sauvage.*

Nous pouvons, au reste, affirmer que les principes philosophiques que nous venons de combattre, et qui semblent avoir prévalu au sein du conseil d'état, n'ont été nullement acceptés par les auteurs.

(1) L'institution des états n'a rien que de conforme à la loi naturelle; et l'on peut dire par la même raison qu'elle s'accorde avec la volonté divine. (Wolff, Principes du droit de la nat. et des gens, extraits par Formey.)

Ainsi Toullier n'a pas hésité à qualifier de principe de droit naturel le droit de réserve des enfants et des parents :

« La *nature* leur dit qu'ils sont obligés de conserver au moins une partie de leurs biens aux enfants qui leur doivent le jour. C'est cette portion *sacrée* que la loi détermine. » (T. 5, n° 97.)

.... « Ils doivent accomplir les devoirs que la paternité leur impose ; l'obligation de laisser une portion de leurs biens à leurs enfants est au nombre de ces *devoirs dont la loi ne doit dans aucun cas autoriser la violation*, et le droit des enfants sur les biens de leur père et mère est *un droit naturel.* » (T. 5, n° 99.)

Rolland de Villargues partage la même opinion :

« La limitation de la faculté de disposer à titre gratuit a sa source dans les devoirs que *la nature et l'état de société* imposent.... » (Répert. du Notariat, v° Réserve légale.)

Le droit romain de Justinien, empreint de la philosophie chrétienne du VIe siècle, reconnaissait la même origine naturelle : *Personis quibusdam, tanquam secundum ipsam naturam eis debeatur, partem quamdam lex distribuere necessitatem imponit.* (Nov. I, in præf., § 2.)

Lors donc que l'on s'est appuyé sur l'ancienne loi romaine, en croyant y trouver l'expression de la loi naturelle en matière de succession, on a oublié que cette loi successorale, ainsi que Montesquieu l'a parfaitement démontré, était purement *politique.* Car l'institution testamentaire, comme l'indique Daguesseau, est *contraire au droit naturel ; à tel point que des villes, des républiques entières ont existé et pourraient encore exister aujourd'hui sans aucune pratique des formes testamentaires.*

Si l'on voulait retrouver dans le vieux droit romain les principes du droit naturel, il fallait les chercher dans ces textes où nous voyons que le patrimoine de la famille est la propriété commune du père et des enfants, et que ceux-ci, en succédant, semblent continuer et non recommencer la possession des biens patrimoniaux, *quasi continuatur dominium.*

III. — Après avoir démontré que l'origine de la réserve est puisée dans la loi naturelle, nous devons examiner les motifs qui ont décidé tant de législateurs à sanctionner par la loi civile les principes de morale que nous venons d'établir.

L'état de civilisation, le degré de pureté ou de dépravation des mœurs, la constitution intime de la famille sont autant de motifs qui ont exercé une influence capitale sur chaque législation dans la matière qui nous occupe.

Chez une nation naissante, alors surtout qu'elle est guerrière et qu'elle occupe un vaste territoire, la vie d'un citoyen est toujours assurée, par cela même qu'il existe comme membre actif de la cité, et indépendamment de la fortune que peuvent lui laisser ses parents. Les arts sont dans l'enfance, les besoins peu nombreux; une grande partie du sol est en friche, appartient au premier occupant, ou s'obtient par une concession aussitôt accordée que demandée; la guerre est une source de richesses et une occupation pour le trop-plein de la population... L'état social du citoyen, au lieu de se résumer par ces mots du Romain qu'on battait de verges : *Civis sum romanus,* s'indiquerait plutôt par ceux-ci : *Homo sum.* Sa valeur personnelle suffit pour lui assurer, non pas une existence brillante et tranquille, mais une vie qui, quelque précaire qu'elle soit, est toujours possible... — A la différence de ces grands états européens, où le citoyen fort, énergique, mais sans ressources autres que ses bras, demande quelquefois sa place au soleil de la civilisation (1) !

(1) « Non seulement les pères et mères sont obligés de nourrir leurs enfants, mais, de plus, en leur donnant le jour dans *l'état civil,* où *tout est approprié,* ils sont rigoureusement tenus de travailler, autant qu'il est en ... , à leur transmettre les avantages et les

» Longtemps même, dans une nation très civilisée, si le territoire, par son immense étendue, si l'industrie, par ses débouchés nombreux, offrent des ressources sans cesse renaissantes, la disposition totale des biens patrimoniaux peut ne pas avoir d'assez fâcheux résultats pour que la loi intervienne dans les pactes des familles. C'est ainsi que, dans la République des États-Unis d'Amérique, une jeune fille n'est jamais en peine de trouver un établissement sortable, si pauvre qu'elle soit. Elle rencontre toujours un homme aussi pauvre qu'elle, mais aussi laborieux; et tous deux s'élancent avec confiance vers ces défrichements où s'écoule chaque année le trop-plein de la population; où tout homme actif est assuré d'élever honnêtement sa famille; où les plus minimes ressources sont un point de départ certain pour arriver à une honorable aisance (1).

On ne saurait comprendre non plus de statuts limitatifs des libéralités chez les peuples où la terre est divisée par égales portions entre tous les citoyens, — si tant est qu'un tel état de choses puisse exister, et qu'il ne faille pas regarder comme

biens dont ils jouissent eux-mêmes dans cet état; autrement les hommes y naîtraient de pire condition que dans l'état de nature, obligés de respecter les propriétés de tous les autres, et perdant celles de leurs auteurs, *sans trouver, comme dans l'état de nature, aucune terre vague que le premier occupant puisse s'approprier.* » (Toullier, t. 5, n° 111.)

(1) Nous ne sommes nullement enthousiaste du caractère national des Américains; et nous regretterions de faire du droit à l'aide des romans de Cooper, quelque fidèles que puissent être les portraits qu'ils retracent. — Nous avons étudié les mœurs américaines que nous esquissons ici dans l'ouvrage de Basil Hall (1827-28), capitaine anglais, penseur profond et observateur exact, mais bien certainement porté par ses sentiments nationaux à exagérer les défauts plutôt que les qualités des Américains.

très hypothétique le partage des terres chez les Egyptiens (V. Hérodote), chez les Lacédémoniens , chez les Thébains (V. Montesquieu), etc.; car, dans de telles sociétés, c'est l'Etat seul qui dispose de tous les biens.

Enfin, dans quelque nation que ce soit, si les mœurs sont pures, et que l'on ait rarement à craindre de voir le père de famille céder à d'odieuses suggestions ; si la famille habite le même toit, sous l'œil du chef, et est assez unie pour résister victorieusement à toute influence étrangère qui attenterait au patrimoine commun (et c'est là l'image qu'on nous trace de la famille humaine dans l'âge primitif), — la loi de la nature se fera sentir assez vivement dans le cœur du père pour que la loi civile n'ait pas besoin d'ajouter sa voix à celle de la conscience.

Mais laissons de côté ces hypothèses, qui ne sont qu'autant d'exceptions dans l'état actuel des vieilles nations euro-péennes, et dans la France surtout.

Deux principes contraires se disputent la prééminence devant les législateurs chargés de donner des lois à de tels peuples.

Selon les uns, la famille n'est plus fortement constituée ; et, pour conserver au chef du foyer domestique la magistrature suprême qui fait la force des états, il faut l'investir de la puissance la plus étendue de récompenser et de punir; de diriger ses fils dans la bonne voie, en leur laissant craindre l'exhérédation comme châtiment d'une coupable conduite ; de réparer, suivant son cœur, les inégalités que la constitution naturelle ou l'adversité a pu créer entre ses enfants. *Pour obtenir ces résultats, il faut laisser au père l'absolue disposition de ses biens.*

Cependant, répondent les partisans de l'autre système, ce fils, que des fautes ont privé de l'hérédité paternelle, a-t-il été puni dans une juste mesure; et son châtiment ne retombe-t-il pas sur la société, au milieu de laquelle il se présente dénué de toutes ressources, plein de haine et de mauvaises résolutions, homme d'autant plus à craindre qu'il a été

privé d'une fortune espérée, et qu'il n'a plus rien à perdre?
Ce sont ces déshérités de la société qui, après avoir patienté
quelques années, puisent enfin dans leur désespoir l'audace
nécessaire pour lutter contre l'ordre social et pour l'ébranler,
désireux qu'ils sont de le renverser, afin de le reconstituer sur
des bases impossibles! Puis encore, au milieu des séductions
auxquelles est exposé le père de famille, qui, souvent,
n'est pas entouré de ses enfants, — séductions de toute espèce, qui s'attaquent au cœur honnête comme à l'homme
dépravé, aux faibles caractères comme aux âmes les plus
fortement trempées, — est-il juste de l'investir d'une absolue disposition de tous ses biens? et ce qui devrait n'être que
l'exercice d'une magistrature domestique ne deviendrait-il
pas souvent la source de spoliations scandaleuses et de pré-
férences désavouées par l'opinion publique? *Pour obvier à
ces scandales, il faut que la disposition du patrimoine ne
soit pas laissée à l'arbitraire du père de famille.*

Ces deux dispositions contraires sont fondées chacune à son
point de vue; mais chacune est trop exclusive, puisque l'une
présume toujours l'infaillibilité de la vertu du père de famille, tandis que l'autre se met toujours en garde contre des
dangers souvent imaginaires.

Il nous semble que le moyen terme entre ces deux extré-
mités a été habilement saisi par nos législateurs, lorsqu'ils ont
divisé la succession paternelle en deux portions, dont l'une appartient aux enfants pour les remplir de leur droit fondé sur
la nature, tandis que l'autre est laissée à la disposition du
père pour l'aider dans l'exercice de sa puissance par l'attrait
des récompenses et la crainte des exhérédations. Il nous
semble surtout que les exigences de la société comme corps
constitué, comme être collectif intéressé à sa conservation
et à la conservation de chacun de ses membres, ont été ainsi
scrupuleusement respectées.

On pourra en juger par cet extrait du rapport présenté au

conseil d'état par Bigot-Préameneu (séance du 30 nivôse an XI).

« Il faut, disait l'orateur, que la volonté ou le droit de quelques individus cède à la nécessité de maintenir l'ordre social, qui ne peut subsister s'il y a incertitude dans la transmission d'une partie du patrimoine des pères et mères à leurs enfants.

» Ce sont ces transmissions successives qui fixent principalement le rang et l'état des citoyens. Les pères et mères, qui ont donné l'existence naturelle, ne doivent pas avoir la liberté de faire arbitrairement perdre, sous un rapport aussi essentiel, l'existence civile; et si le père doit rester libre de conserver l'exercice de son droit de propriété, il doit aussi remplir les devoirs que la paternité lui a imposés envers ses enfants et envers la société. »

Ces considérations, pleines de bon sens, se justifient encore par l'histoire du peuple de l'antiquité le plus remarquable par son organisation sociale et sa législation. Nous verrons, dans la première partie de cette thèse, que les Romains, après avoir longtemps admis le principe de l'absolue liberté des transmissions de biens, furent obligés de revenir sur leurs pas et d'arriver peu à peu à l'institution d'une réserve légale et d'une quotité disponible.

En résumé, de tout ce que nous venons de dire il résulte que le statut limitatif des libéralités est d'une importance démontrée *au point de vue social*, en même temps qu'il est une conséquence évidente du *droit naturel*.

Telle est l'étude philosophique que nous avons cru utile d'esquisser avant de pénétrer dans les nombreux points de droit que soulèvent les questions de réserve et de quotité disponible; et afin de trouver pour nous guider dans ce dédale quelques principes fondamentaux. Nous allons aborder maintenant cette partie de notre sujet; toutefois, avant de passer outre, nous devons insister sur un point que nous avons négligé dans cet exposé.

Nous avons constamment parlé de la réserve due par les père et mère à leurs enfants, et nous n'avons pas fait mention de la réserve due aux ascendants. Cependant, si le cours ordinaire de la vie humaine rend plus fréquents les cas où les enfants survivent à leurs auteurs, des devoirs réciproques n'en lient pas moins les uns et les autres ; et quand la nature change l'ordre naturel des successions, l'ascendant devient à son tour réservataire dans la succession de son fils : *Turbato ordine mortalitatis, non minus parentibus quam liberis pie relinqui debet.* (L. 15, D., De inoff. testam.)

Enfin, la thèse que nous soutenons ici n'est pas un traité complet sur la matière : nous n'avons eu pour but que de poser les règles fondamentales qui régissent l'établissement de la quotité disponible et de la réserve. Nous rejetons donc, comme n'entrant pas dans les limites de notre sujet, tout ce qui concerne le calcul de la réserve, les réductions de libéralités, etc., etc.

[illegible] [illegible] the plant [illegible]
[illegible]

[illegible]
[illegible]
[illegible]
[illegible]
[illegible]
[illegible]
[illegible]
[illegible]
[illegible]
[illegible]
[illegible]
[illegible]
[illegible]

JUS ROMANUM.

DE INOFFICIOSI TESTAMENTI QUERELA, ET DE LEGITIMA.

Tres in romano jure super hanc materiam succedunt ætates : prima, cum vigerent puræ et nondum mollitæ XII Tabularum leges ; secunda, cum pristinæ eorum severitati provisum fuit diversis temporibus, usque ad Justinianum ; tertia, cum nova admodum principia introduxit Justinianus Novellis. Quæque omnia ordine suo nobis tractanda contingunt.

I. — *De XII Tabularum jure et illius incommodis.*

Cum quærimus quænam fuerit legitimæ vel etiam de inofficioso querelæ origo, has non antiqua ælate productas facile videmus. Dissonant enim hæ institutiones cum famosa XII Tabularum lege, qua ita cautum erat : *Uti paterfamilias super pecunia tutelave suæ rei legassit, ita jus esto.*

Antequam redigerentur leges XII Tabularum, apparet testamentis, quæ calatis comitiis fiebant, heredem sanguinis proximum semper institutum fuisse. (Giraud, *Histoire du Droit romain*, p. 82.)

Utrum romano græcove fonte defluxerit illa lex licet ignoremus, liquet at saltem nobis non scriptam in legibus Solonis, ex quibus multa in vetus romanum jus intulerunt XII Tabularum legum excerptores.

Rebus ita dispositis ut libertas quam maxima testatoribus

familiam suam exheredandi competeret, mox plurimi visi
sunt parentes qui, mala suasione impulsi, liberis successionem suam auferebant, et extraneos in testamentis totius for-
tunæ suæ heredes instituebant; quod triste admodum erat,
et statum familiæ graviter afficiebat.

Sed ea erat apud Romanos antiqui juris veneratio, ut
sæpe difficile foret incommodis legum succurrere, quotiescumque leges ipsæ dubiam in litteris interpretationem non
continerent.

II. — *De formis exheredationum a prudentibus introductis.*

In his rerum angustiis, callida interpretatione pristinæ
legis formæ venerationem servaverunt prudentes, mentem
vero legis perverterunt.

Primo provisum fuit ut, servata prisca testantium liber-
tate, testatores voluntatem suam expressis verbis confirma-
rent liberos suos exheredandi, qui secus successionem ab
intestato habuissent.

Exheredationis igitur inventæ sunt formæ, quibus negle-
ctis, apparebat testatoris voluntatem non adeo manifestam
fuisse ut ex bonis amoverentur liberi.

Quis vero formas exheredationis invenerit certis non dete-
gitur monumentis. Glyciam quamdam legem ad restringen-
das exheredationes illatam putat Cujacius; veteri juri remedium constitutionibus principum allatum Duarenus existimat;
ex prætoriano jure hæc omnia defluxisse censet Pithæus.
Nos autem, cum Voet, Heineccio, Ducauroy, et aliis permultis, has exheredationum formas, et inde querelam inofficiosi, a prudentibus introductas credimus.

A jurisconsultis ergo statutum est ut, si quis filium in potestate haberet, cum heredem institueret, vel exheredem
nominatim faceret. Et sententiæ illius sic causam indicave-
runt; quia scilicet liberi in potestate patris existentes, una

eademque persona cum patre, et, vivo patre, quasi rerum paternarum domini existimantur.

Ita si filium pater in testamento prætermitteret, ipso jure nullum et nullius momenti testamentum erat ; si filiam autem vel nepotem ex filio, testamentum valebat, et filia vel nepos jus accrescendi in certam portionem habebat (1).

Sed quod de patre testante diximus, non ad avum maternum vel ad matrem spectat; quibus sufficiebat, ad nepotes et filios exheredandos, ut eos præterirent. Quod ita decisum fuerat, quia non sunt heredes in potestate avi materni vel matris; atque hi parentes non eadem erga heredes, quæ pater, habent officia.

Multæ sunt superea ambages in veteri jure, de emancipatis, de adoptivis et de posthumis; sed nobis sufficiat principia exheredationum hic scripsisse, quippe obiter illud nobis tractandum contigit.

III. — *De Innovationibus, in exheredationum formis, a Justiniano introductis.*

Constitutione IV (De lib. præter.), sublata omni parentum sexus differentia, omnes liberi, sive mares, sive fœminæ, sive emancipati, sive primi aut inferioris gradus, sive nati, sive posthumi, si non instituuntur heredes, nominatim exheredari debent.

Veteri jure, Digestorum et Codicis præceptis, exheredationum causæ judicis in arbitrio plerumque jacebant. Multa possemus in variorum principum constitutionibus colligere super hanc materiam; sed hæc ad historiam juris potius

____

(1) Quæ quidem portio primam nobis legitimæ speciem præbet; et varia erat, prout filia aut nepos, vel cum extraneis, vel cum testatoris liberis concurreret. Si cum extraneis, portio debita dimidium bonorum attingebat; si cum aliis liberis institutis, virilis portio hereditati addebatur, et inter omissos dividebatur.

quam ad jus ipsum pertinent. Justinianus autem dixit se causas ingratitudinis (causæ exheredationis cædem sunt) in diversis legibus dispersas et non satis aperte declaratas nominatim comprehendisse Novella CXV, cap. II. Quæ causæ ita numerantur:

Sunt septem causæ quibus pater in filii testamento præteriri potest:

1º Si pater filium capitis accusaverit, excepto crimine majestatis.

2º Si venenum filio, vel ejus uxori aut matri, porrexerit, aliove modo eis struxerit insidias.

3º Si uxori filii sese miscuerit.

4º Si prohibuerit filium testari.

5º Si captivum, cum posset, non redemerit.

6º Si furiosum alere neglexerit.

7º Si hereticus sit pater (Nov. CXV, c. III).

Sunt autem quatuordecim causæ liberos exheredandi; quarum septem primis supra dictis similes sunt; aliæ vero septem ita sequuntur:

1º Si parenti violentas manus intulerit filius.

2º Si atrocem contumeliam ei ingesserit.

3º Si, calumniose parentem deferendo, magnum damnum ei intulerit.

4º Si carcere inclusum fide sua liberare noluerit.

5º Si arenarius vel mimus fuerit; nisi tamen pater ejusdem conditionis fuerit, aut hoc passus fuerit.

6º Si cum veneficis societatem coïerit.

7º Si filia luxuriose vixerit, aut in servi contubernium se dederit, nisi tamen pater eam nuptui dare usque ad vigesimum quintum annum detulerit (Nov. CXV, c. III).

Fratres autem a successione fratrum tribus præcipuis causis amoveri possunt:

1º Si fratri vitæ frater insidiatus sit.

2º Si eum criminis capitalis accusaverit.

3° Si eum bonis evertere nisus sit (Nov. XXII , § penult.).

Ducauroy cum Voet et quibusdam aliis putat, sed inutiliter, has omnes supradictas exheredationis causas exempli tantum gratia in Novellis relatas a Justiniano, et alias ejusdem generis causas hac collectione non excludi. Dixit autem Imperator in proemio Novellæ CXV, c. III : *« Præter illas, nulli licet ex alia lege causas ingratitudinis opponere, nisi quæ in hujus constitutionis serie continentur. »* (V. Donellum.)

Sciendum illud autem, antea filio qui se falso et injuste exheredatum dicebat, probationem injustæ præteritionis incubuisse, sicut apparet ex Codicis, lege 28, De inoff. testam.: « Probationem debent præstare (liberi) quod obsequium debitum jugiter, prout ipsius naturæ religio flagitabat, parentibus adhibuerint ; nisi scripti heredes ostendere maluerint ingratos liberos contra parentes exstitisse ».

Quam autem facultatem, prius heredi instituto concessam, Justinianus in obligationem vertit, dicens : *Nisi probabuntur ingrati liberi* (Nov. CXV, c. III).

IV. — *De inofficiosi testamenti querela, ex jure Digestorum, Codicis, et Novellarum.*

§ 1. — Quænam sint testamentum inofficiosum et querela inofficiosi.

Rebus supradictis facile perspicitur remedia illa diversis temporibus latiori testantium libertati allata non sufficere ; nam si formæ omnes quas nunc cognoscimus observatæ fuissent, resurgebat lex antiqua XII Tabularum, cum omni juris sui plenitudine.

Alio igitur auxilio opus erat ut testamenta familiis non nocerent ; et inde inventa est, a prudentibus quoque, querela inofficiosi testamenti.

Querela illa est actio qua quis petit ut testamentum tanquam inofficiosum rescindatur, et ut heres a judice declaretur, sibique hereditas restituatur. Aliquando etiam *accusatio* vocatur, quandoque *actio*, sed sæpius *querela*, majus modestiæ et submissionis signum. Ea succurrente, contra institutum heredem, et contra illos qui ab eo causam habent, experiuntur liberi exheredati, tanquam contra possidentes pro herede et pro possessore. (*Vide Donellum.*)

Inofficiosum dicitur testamentum, quasi factum fuisset contra *officium*, id est *contra pietatem* quam inter se ejusdem familiæ proximi habere debent.

Sed cum difficile erat testamentum illud, inofficiosum quidem, sed recte secundum formas juris scriptum, corruere, colore usi sunt jurisconsulti, et finxerunt parentes furiosos ac mentis non sanæ fuisse; ut ita læsio quam inferre studuerant, a casu potius fortuito quam a malitia et odio immerito videretur profluxisse.

Istud autem jam notandum, antequam ad alia transeamus, testamentum scilicet militare inofficiosi querela, singulari militum gratia, non attingi; et id quidem obtinuisse, militaris instar, testamentum quod filiusfamilias de castrensi vel quasicastrensi peculio constituerit.

§ 2. — Quibus et adversus quos datur querela.

Querela inofficiosi tam late patebat olim, sicut aiunt scriptores, ut amicorum testamenta, amicorum gratia, rumperentur. Nunc autem competit primum liberis, in quorum gratiam introducta est; *liberis legitimis*, tam contra patris quam contra matris testamentum; *naturalibus* autem, contra matris tantum. Idemque in *spuriis* observatur, nisi mater illustris fuerit; cui, uti non succedunt ab intestato, ita nec querelam habent ab ea præteriti.

Competit etiam patri, matri, et ascendentis lineæ parentibus, quia, mortalitatis ordine turbato, non minus parentibus quam liberis pie relinqui debet.

Ante Novellas, competebat fratri sororique, vel *germanis* vel *consanguineis*, non autem *uterinis*; eo quod cum illis communia nominis et familiæ jura sunt, non ita autem cum his. Fratribus et sororibus non generaliter competit, sed in eo tantum casu præviso, nempe cum ipsorum detrimento turpes personæ institutæ forent. Turpium personarum nomine comprehenduntur meretrices, etiamsi meretricium reliquerint; concubinæ, licet olim concubinatus non inhonestus fuerit; et aliæ infames personæ, quasi sunt lenones, mimi, arenarii, etc., seu levis notæ macula aspersæ.

Si, testamento, portionis cujusdam heres instituta fuerit persona turpis, et alterius portionis honesta persona, solam fratres obtinent rescisionem partis ejus in qua turpis persona instituitur.

Olim autem constat solis germanis hanc querelam datam fuisse, et a Constantino I postea ad consanguineos porrectam.

Sed hanc innovationis et concessionis viam longius inivit Justinianus; et Novella CXVIII sanxit ut uterini quoque fratres et sorores eamdem inofficiosi querelam ac germani et consanguinei obtinerent.

Quod ad cæteros parentes spectat, inutiliter faciunt cum se sumptibus inanibus vexant ad intentandam querelam inofficiosi, quæ illis non competit.

Datur vero querela supradictis parentibus, cum queruntur se injuste exheredatos, et nullam aliam habent viam qua bonorum defuncti possessionem obtinere possint; nam odiosa est querela inofficiosi; *ultimum adjutorium* dicitur, et non conceditur quotiescumque alio modo exheredatis succurri potest. (*Vide Donellum.*)

Opportet etiam querentes ex intestato successionem habituros fuisse; et ideo si filius a patre exheredatus non queritur, nepotes testatoris querelam non habent: quia, vivo patre, heredes avi sui non sunt. At contra, mortuo filio ante patrem, nepotibus querela competit.

Quod Paulus ait (D., l. 31, h. ult.), si is qui ad accusationem admittitur nolit aut non possit accusare, *sequentem admitti, ut successioni fiat locus*, id de sequenti linea, non autem de gradu, convenienter explicatur, secundum legem 14 (D., h. t.). Ita ut pater, a filio suo præteritus, nullo modo veniat ad filii sui prædefuncti hereditatem ex capite aut representatione nepotis justo exhæredati, sed plane ex proprio capite, primum obtinens in ascendente linea gradum.

Nec refert ad instituendam querelam an extranei fuerint instituti vel proximi. Sæpe scilicet videntur procedere fratres exhæredati contra fratres institutos, vel filii adversus liberos suos ab avo testatore vocatos, vel filius a matre præteritus adversus patrem suum ab uxore vocatum, vel denique parentes adversus liberos ob testamentum prædefuncti liberi in quo fratres suos defunctus instituit. Et dici potest ex injuria præteritorum potius quam ex conditione institutorum concedi querelam. Et ita competit adversus heredis instituti heredes, et adversus fiscum, et adversus illustrissimos viros, quin etiam contra Imperatorem ipsum.

Cum sit odiosa inofficiosi querela, in dubio judices judicare debent potius ut valeat testamentum quam ut corruat. Sed, favore proximitatis conquerentium cum defuncto qui eos exheredavit, possunt judices, urgente conquerentium inopia, heredem institutum ad alimenta præstanda condemnare usque ad finem litis, pro modo facultatum.

Si quis autem, de inofficioso querens, vincitur in judicio, quasi indigno ei auferuntur legata aut fideicommissa testamento data, quæ fisco cedunt; nisi ex necessitate pro alio querelam movisset, veluti tutor pro pupillo. (L. 8, § 14, D., h. t.)

Si de inofficioso testamento patris alter ex liberis exheredatis egerit, et repulsus ab actione fuerit, alter autem bonorum possessionem obtinuerit, exheredatus pro mortuo habetur, et is qui vicerit solus hereditatem omnem obtinet. (LL. 16 et 17.)

Quod si autem, pluribus exheredatis, unus vel plures siluerint, aliis agentibus in judicio non accrescit silentum portio; sed qui queruntur in causam vocant fratres suos, et, juncta causa, jus dicitur, nisi exheredationem suam ratam habere affirment qui non queruntur. (L. 8, § 8.)

§ 3. — Quinam sint præcipui querelæ inofficiosi effectus.

Querelæ recte intentatæ is olim effectus erat, ut totum infirmaretur testamentum, nec legata, nec libertates, nec quicquam ex eo deberetur, exceptis quibusdam casibus, in quibus libertates ratæ manerent, quandoque et legata, ut videre est. (D., l. 8, § 17; l. 17, § 1; l. 28, h. t.; C., l. 13, h. t.)

Ita fere semper irritum fiebat testamentum; defunctus intestatus decessisse videbatur, et ei ab intestato succedebant heredes propiores in ordine successionum.

Hoc quidem certe congruebat cum colore juris qui testamentum, quasi furiosi vel non sanæ mentis hominis, aggrediebatur.

Sed facile cernitur tantum ab illo testamento querentes lædi, non quod legata scripta forent, sed quod heres alius, illorum loco et sedi, institutus foret.

Qua meditatione propulsus, Justinianus Novella CXV jussit solam heredis institutionem evanescere, dicens : « Si vero contigerit in quibusdam talibus testamentis quædam legata, vel fideicommissa, aut libertates, aut tutorum dationes relinqui, vel quælibet alia capitula concessa legibus nominari, ea omnia jubemus adimpleri, et dari illis quibus fuerant derelicta, et tanquam in hoc non rescissum obtineat testamentum. — Si quid autem pro legatis, sive fideicommissis..., aut quibuslibet aliis capitulis, in aliis legibus inventum fuerit huic constitutioni contrarium, hoc nullo modo volumus obtinere. »

Sed constitutio illa ad fratres sororesve, in odium turpium

personarum contra testamentum fratris querentes, non perti-
net. Tunc enim omnem pristinum effectum obtinet querela.

Præterea, multis casibus evenire potest, ut testamentum
inofficiosum ne in institutione quidem heredis corruat totum. Si pater posthumum , quem ignorat , præterivit,
et *extraneum heredem* instituit, ut supra diximus re-
scinditur omne testamentum, quod fit etiam in testamento
militari ; si autem sint *alii fratres* instituti, non corruit testamentum, sed virilem suam portionem posthumus accipit,
fratrum portioni similem. Et hoc non solum de posthumis
dici potest, sed etiam de eo quem falso testator mortuum
credidit, secundum Pauli verba : « Cum mater militem filium falso audisset decessisse, et testamento heredes alios
(*fratres*) instituisset, D. Hadrianus decrevit hereditatem ad
filium pertinere, ita ut libertates et legata præstentur... »

Qua decisione accrescebat tantum aliis fratribus posthumus vel pro mortuo habitus, et capitula omnia testamenti
servabantur ; quia tunc recte non potest inofficiosum dici
testamentum. Hoc in eodem exemplo notandum, legata quibus
omnes instituti gravantur ; partim pro parte sua filio ac-
crescenti incumbere ; legata autem quæ unicuique institutorum specialiter imposita fuerant, ab eis tantum præstari.

Sæpius accidere potest ut testamentum quod inofficiosita-
tis speciem refert inofficiosum non esse, et locum querelæ
non dare ; ita ut vim suam omnem obtineat, contra ea quæ
jam diximus. Nam si quis merito exheredatus sit, et ei con-
suluit, non nocuit, testator ; si pater, exempli gratia, prodi-
gum filium exheredavit, et nepotem ex eo instituit, prodigo
sufficientem pro alimentis facultatem relinquens, constat
querelam non competere. Si autem cessavit exheredationis
illius causa, veluti si prodigus ad meliores mores, vel furio-
sus ad mentem sanam redierit, alimentis jam antea præbitis,
non de inofficioso, quia præteritum se dicere nequit, sed de
auctione et complemento legitimæ aget, ut dicemus infra.

§ 4. — Quando et quomodo cessat querela inofficiosi.

Ex eo quod supra diximus, querelam inofficiosi odiosum esse remedium, profluit eam cessare quotiescumque quis possit alio modo ad hereditatem venire : veluti adrogatus impuber, qui postea exheredatus quartam obtinet Antonini; aut filiusfamilias, qui, veteri jure, in paterno testamento omissus, testamenti rescisionem non aliter persequebatur quam rogando possessionem bonorum *contra tabulas* (D., l. 23, h. t.).

Quod ad tempus conquerendi spectat, lapso quinquennio ex hereditatis aditæ tempore computato, querela cessat. Et notandum hic obiter sex menses in ipsa successionis provincia, annale spatium in alia provincia, instituto dari ut hereditatem adeat. Quinquennium illud adversus minores, ut justum est, non currit; sed aliquando nec adversus majorennes, quibus ex magna et justa causa succurri potest, ut redintegrationem causæ obtineant.

Cessat autem querela si quis, cum potuisset eam jure movere, ei vel tacite vel expresse renuntiaverit. Expresse quidem, si adscribit testamento consentire se exheredari; vel si de querela transigit aut paciscitur (D., l. 31, h. t.; C., l. 34 *in fine*; l. 35, § 2.); vel non accusationem facit intra quinquennium; vel cœptam deserit, aut quia damnosam credit hereditatem, aut quia patientia potius quam lite uti erga testatoris injuriam mavult.

Tacite vero olim querelæ renuntiabat, si quis acciperet legatum per inofficiosam dispositionem sibi relictum, aut sub ejus generis conditione : *Si decem aureos instituti dederint exheredato* (D., l. 8, § 10); aut etiam si quis patrocinium suum aut procurationem suam accommodasset illis qui relicta sibi in tali testamento legata peterent (D., l. ult.). Quod si autem evanuisset legatum, salva querela fuisset.

Sed hodie vana est hæc de acceptis vel non acceptis dis-
putatio; quia nunc manent in inofficioso testamento capitula
omnia, excepta sola heredis institutione.

Tacite etiam quis renuntiare videtur querelæ inofficiosi,
cum heredem institutum factis suis comprobaverit : veluti
cum ei æs testatori debitum solverit, vel ex eo hereditarium
agrum emerit, nota heredis instituti qualitate.

Sed non videtur renuntiavisse qui, vivo testatore, pactus
est se, contentum eo quod habuit, ulteriorem successionem
derelinquere, quia non licet pacisci de futura successione.

Evanescit præterea jus movendæ querelæ cum mortuus sit
qui exheredatus erat antequam ineatur querela, quæ tunc
ad heredes non transmittitur. Cujus ratio est, injuriæ ac-
tioni similem querelam injuriarum leges affectare, quæ, ut
notum est, ad heredes non transeunt. Sola exceptione innovavit Justinianus, ut *ad liberos* querela patris transiret,
etiam non præparata (C., l. 34).

Parata autem querela videtur, non tantum instituta actione et adgnita bonorum possessione, sed etiamsi non sit
petita possessio, nec cœpta controversia. Imo, satis parata
fuit cum quis, veniens ad eam movendam, decesserit (D.,
l. 6, § ult.). Addit etiam Paulus sufficere si quis commina-
tus est querelam, vel denuntiavit, vel libellum dedit (D.,
l. 7).

Cessat demum querela inofficiosi, cum testator ei qui
queri posset quamdam bonorum partem reliquit. Quod autem longius a nobis nunc explicandum.

V. — De legitima portione ante Novellas, et de actione in
supplementum.

Cum testator olim vellet testamentum suum vim omnem
servare, nec querelæ inofficiosi indulgere judices, et tamen
ab hereditate submoveri eos qui jure de inofficioso querun-

tur, cuncta hæc attingebat si *quartam partem ex asse*, vel hereditatis, vel donationis mortis causa, vel legati nomine heredibus relinqueret.

In quartam etiam partem, ad excludendam inofficiosi querelam, tam dotem datam quam ante nuptias donationem imputari voluit Justinianus, si ex substantia profectæ sint de cujus est hereditas (C., l. 20 *in fine*, h. t.).

Si pars autem minor portione quarta relinqueretur, rescindebatur testamentum querela inofficiosi.

Inde quarta illa, lege sic debita, *legitima* vocata fuit; et portio est portionis ab intestato debitæ, ac magis bonorum quam hereditatis pars. Sic enim appellatur lege Codicis 6, h. t. Jure quidem, quia non ineunda legitimæ ratio aut præstatio nisi deductis ære alieno, funerum impensis, libertatibus. Quo facto, *bona* supersunt; sed non est *hereditas*, quæ successionis damnum et emolumentum in se continet. Imo vero diximus legitimam quoquo titulo, etiam non hereditario, relinqui posse.

De legitimæ nomine probationem affert Novella I : « Testantibus aliis quidem necessitatem imponit lex distribuere quamdam partem personis quibusdam, tanquam hoc secundum ipsam naturam eis debeatur; quale est filiis et nepotibus, et patribus atque matribus. »

Jam autem, in diversis casibus, quartæ alterius generis introductæ erant, cum quibus quarta legitima maximam habet similitudinem. Tales sunt enim *quarta Antonini*, quæ adrogato exheredato in adrogantis bona competit; *quarta* deinde *falcidiana*, qua cautum est ut heres institutus, nedum legata hereditatem exhauriant, ad se quartam partem bonorum retineat; *quarta* demum *trebellianica*, qua provisum ut fideicommissarius heres jussus omne acceptum restituere, quartam partem fideicommissi habeat, sic sibi ad accipiendam hereditatem lucro oblato.

Multa autem similia sunt in falcidianæ et legitimæ effectibus ; nam utraque debet præstari deductis impensis funerum, ære alieno, libertatibus ; utraque non potest in viventis bonis obtineri; et in utriusque computatione spectatur quomodo testator res ageret tempore mortis suæ. Fructus etiam persequi quis potest in utraque. Quæ similitudo in pluribus casibus sententias jurisprudentium dictavit, cum de legitimæ effectu dubitarent.

Evenire potest permultis in circumstantiis, ut defuncti successio major evadat quam primum credebatur. Inde legitima crescit, etiamsi jam computata fuerit, illis qui eam percipere debent. Exempli gratia, si debitor defuncti, qui solvendo non erat, deinde res suas bene egerit, et debitum solverit ; vel si evenerit conditio sub qua res, bona, pecunia, vel alia quæcumque defuncto promissa erant. Nam res ita se habet in falcidiana, quæ certe minus favorabilis est quam legitima.

Sed quem commoda sequuntur, eumdem sequi debent incommoda ; et, contrariis illis quos supra diximus eventibus, post testatoris mortem legitimam quoque minui justum est.

Collationes etiam, quæ in dividunda hereditate successioni paternæ (quasi nunquam ab ea recessissent) adjungi debent, in legitima quoque imputantur.

Ab omni onere libera debet esse legitima. Si conditionibus quibusdam, vel dilationibus, aut aliqua dispositione moram, vel modum, vel aliud gravamen introducente, jura imminuta esse videantur eorum qui queruntur de inofficioso, hæc omnia onera tolluntur, et res procedit quasi testamento nihil eorum additum esset.

Ita libera esse debet legitima, ut si quis, exempli gratia, uxori usumfructum omnium bonorum reliquerit, liberis autem nudam legaverit proprietatem, ii tamen legitimæ, contra legatum, capiunt usumfructum, et vice versa. Contra autem, si testamento liberis electio datur seu legitimæ capiendæ, seu rem, ut testator providerit, accipiendi.

Qui legitimam persequitur in judicio, fructus a litis contestationis die petere potest, ne moras ei inutiles et longas opponat heres institutus. De fructibus autem ex mortis die usque ad litis tempus perceptis, diversim tenebitur heres, sive bona fide sive mala fide legitimam non reddiderit. Si bona fide, in fructus existentes, et ex consumptis in id quo locupletior factus est, tenebitur; si vero mala fide, consumptos quoque reddere debet. Sic demum res agitur velut in hereditatis petitione, cui legitimæ actio simillima.

Aliquando evenit ut legitima quibusdam competat, cum trebellianica: quod si enim fideicommissariam habeant hereditatem per codicillarem clausulam filii vel nepotes, primam ex lege debitam quartam obtinent, secundam autem capiunt trebellianicam. Avus autem potest cumulationem hanc nepoti suo prohibere, pater autem filio non potest. Expressaque, non tacita, requiritur illa prohibitio (Novella I, c. I, *in fine*).

Sed parentes vel fratres vi clausulæ codicillaris rogati restituere, non quartas duas, legitimam vero solam habent; cum enim, secundum romani juris principium, melius sit illos quibus legitima debetur, fideicommisso gravatos, tantum deducere legitimam.

Hæc quidem, quibus innovavit Justinianus, ad sequens capitulum se præsertim referunt; ea tamen in præsenti capitulo enarramus, quia jus ante Justinianum huic innovationi stricte conjungitur.

Si donationibus universas facultates suas exhausit testator, dum in rebus humanis ageret, et minorem quadrante bonorum partem reliquerit eis qui de inofficioso queri possunt, quartam, reductis donationibus, obtinent illi per inofficiosi querelam (C. l. 1, De inoff. donat.).

Veniamus nunc ad actionem in supplementum. A Constantino jussum fuit ut, si quis testator se minorem legitima portionem relinquere velle scripsisset, et eam boni arbitrio viri complendam, quasi recte legaretur legitima testamentum valeret.

Quod veteri juri derogabat. Sed Justinianus huic testatoris facultati ita adjecit ut, qualibet minima parte relicta, licet testator eam implendam non dixisset, legitima compleretur usque ad quadrantem arbitrio boni viri, ne occasione minoris quantitatis testamentum rescinderetur.

Actio quæ dabatur ad complendam legitimam *actio in supplementum* vocatur. Hæc non est odiosa; ideo non quinquennio consumitur, sed triginta annorum spatio, et ad heredes etiam non præparata transire potest.

Adversus heredes institutos datur, non adversus legatarios; quippe illi personam defuncti repræsentant, cui legitimæ debitum incumbebat.

VI. — *De nova legitima Novellarum.*

Legitima, quæ olim consistebat in quarta parte portionis ab intestato, ex jure Novellarum (Nov. XVIII) triens est, si quatuor sint liberi, vel pauciores; semis, si plures sint quam quatuor.

Quod augmentum in ascendentibus quoque receptum est; sed temere nunquam in fratribus, quamvis Justinianus (Nov. XVIII, cap. 1) dicat augmentum illud constitutum esse in omnibus personis in quibus ab initio antiquæ quartæ ratio, ex inofficioso, lege decreta erat.

Novella CXV Justinianus sanxit ut sola hereditatis appellatione legitima relinqueretur. Honorabilior quidem est heredis titulus, et magis cum naturæ motibus et officiis domesticis congruit. Pinguior et commodior etiam titulus est heredi legitimæ, quia jure accrescendi omnem deinceps ex eo titulo successionem habere potest qui heres appellatur.

Sed præterea omnes pristinos effectus habet legitima, et nusquam videtur Justinianus illis abrogationem attulisse; et non ex eo profluit heredes legitimæ unquam, ad æs alienum solvendum pro emolumento partis suæ, cogi posse.

Disputatum an liberi exheredati, seu voluntate sua successioni renuntiantes, portionis debitæ in computationem adnumerandi essent. Nos autem, cum Voet, Donello et aliis præclaris
doctoribus, censemus eum qui exheredatur, vel renuntiat, non
computandum esse. Aliter vero diceremus si quis in favorem et gratiam cæterorum renuntiaret; quia tunc non renuntiare pro parte sua videtur, sed potius eam carpere ut postea
ad alios beneficium conferat.

Sed quemadmodum renuntians vel jure exheredatus filius
non computatur in augendam legitimam, ita quoque non cæteris nocere debet, ut portio illorum minuatur. Nam, exempli gratia, si quatuor essent filii, et unus renuntiaret, nihilominus triens obtinerent tres alii, et inter se pro virili capite
dividerent, nedum instituto heredi renuntiantis portio accresceret.

De nepotum in avi sui bonis legitima, patre intermedio
mortuo, satis clare provisum fuerat jure antiquo (D., l. 8, §
8, *in fine*, h. t.); sed ambages posuit innovatione sua Justinianus.

Nunc autem quoties patrui sunt avunculi, per repræsentationem veniunt nepotes, caputque unum patris sui prædefuncti repræsentant, et divisio fit per stipem.

Si vero nullus superest avunculus, nec concurrunt nepotes
cum patruis, vel patrui filiis, pluribus placuit tunc legitimam
secundum nepotum numerum computari, et nepotes ex capite proprio ad legitimam venire. Sed rectius dicendum est,
nepotes, quivis eorum numerus sit, patrem suum in omnibus
facultatibus ejus repræsentare, et triens tantum inter se habere dividendum.

Notandum est Novella XCXII Justinianum jussisse ut donationibus honorati liberi contentos se quidem liberalitate parentum dicere possent, et non hereditatem suscipere. Si autem suscipiant, fratribus legitimam præstare debent collatione donationum.

Denique liberorum prioris conjugii legitima non afficitur donis quæ conjux binubus conjugi suo facit. Nam hic ultra filialem portionem nihil recipere potest. Liberi ergo primam sibi debitam auferunt legitimam, deinde illud quod pœnæ nomine secundarum nuptiarum vel novercæ vel vitrico imminuendum incumbit. (Nov. XXII, cap. 27; Cod., l. 6, De sec. nup.)

DROIT FRANÇAIS.

PREMIÈRE PARTIE.

RÉSERVE ET QUOTITÉ DISPONIBLE DES ASCENDANTS ET DESCENDANTS.

CHAPITRE PREMIER.

PRINCIPES FONDAMENTAUX.

SOMMAIRE.

I. — *La quotité disponible ne peut être définie sans qu'on parle de la réserve.*

II. — *Définition de Domat.*

III. — *De l'origine des mots réserve, légitime. Différences entre la réserve du code civil, les réserves coutumières, et la légitime des pays de droit écrit.*

IV. — *Principes puisés par le législateur dans l'ancien droit coutumier et dans le droit romain.*

V. — *Comparaison des systèmes successoraux du droit romain et du code civil.*

VI. — *Résumé de la discussion du conseil d'état sur le caractère successoral de la réserve.*

VII. — *La réserve n'est qu'une portion de la succession ab intestat.*

VIII. — *Les règles des successions ab intestat sont applicables à la réserve.*

IX. — *Difficultés sur l'interprétation de l'art. 913.*

X. — *Le réservataire qui renonce ne fait pas nombre pour le calcul de la réserve.*

XI. — *Fausse application du principe de l'accroissement.*

XII. — *Ni l'indigne, ni l'absent, ni le mort civilement ne comptent pour le calcul de la réserve.*

XIII. — *Le donataire qui renonce ne peut retenir à la fois la quotité disponible et sa part dans la réserve.*

XIV. — *On ne peut se porter héritier d'une succession pour la réserve seule.*

I. — La réserve est constituée, comme nous l'avons dit dans notre Introduction, non seulement en faveur des descendants, mais encore en faveur des ascendants. De là une division naturelle dans notre travail : *réserve des descendants, réserve des ascendants*. Mais il est des principes également applicables à ces deux ordres de successeurs; et, pour éviter d'inutiles répétitions, nous nous proposons, dans ce premier chapitre, de traiter de ces principes généraux. Quand nous aborderons spécialement les questions relatives à la réserve des ascendants et descendants, nous renverrons ici pour ce qui regarde les règles fondamentales de la réserve.

La meilleure manière, selon nous, de définir la *quotité disponible*, c'est de lui opposer l'institution corrélative, symétrique, de la *réserve*. En effet, la quotité disponible n'est que le résultat de l'institution d'une réserve légale : c'est parce que tous les biens ne peuvent être enlevés à certains héritiers, que l'hérédité se compose de biens légalement disponibles et de biens réservés.

II. — Ainsi, nous appellerons la quotité disponible, *la portion de biens excédant la réserve*; et nous dirons avec Domat que la réserve est « une portion de l'hérédité que les lois affectent aux mêmes personnes qu'on ne peut priver de la qualité d'héritiers...; ce qui fait que la liberté de disposer à leur préjudice a été bornée, de sorte qu'il leur reste une partie de l'hérédité dont on ne puisse les priver par aucune disposition. »

Cette définition est un peu longue, et de plus elle est lourdement écrite; mais elle est parfaitement claire, et l'on y voit surtout, très nettement établie, cette distinction, sur laquelle nous venons d'insister, que la quotité disponible n'est que la conséquence forcée de l'institution d'une réserve.

Elle a encore pour avantage de faire comprendre l'espèce de proportion inverse qui existe entre la réserve et la quotité disponible, et suivant laquelle, plus la réserve s'accroît, plus le disponible diminue, *et vice versa*.

« La portion disponible et la réserve, dit Levasseur (Portion disponible, n° 1), sont deux parties d'un même tout : ce qui n'appartient pas à l'une appartient à l'autre; d'où l'on ne peut traiter de l'une sans traiter de l'autre. »

III. — La réserve, par suite de son origine légale, *a lege*, a été appelée légitime par les anciens auteurs; et ils ont puisé cette appellation dans le droit romain : *Debita portio, portio legitima*. Réserve et légitime sont donc synonymes.

Cependant nous devons ajouter que notre réserve actuelle diffère à la fois et des réserves coutumières, auxquelles elle emprunte son nom, et de la légitime des pays de droit écrit.

La réserve coutumière ne portait que sur les propres, sauf l'exception des coutumes dites *de subrogation*, où les acquêts et les meubles mêmes pouvaient être réservés à défaut de propres; et elle s'étendait sur toute la ligne collatérale. En un mot, cette réserve, mise en rapport avec la constitution féodale de la propriété territoriale, n'était qu'une succession spéciale à une certaine espèce de biens.

Au contraire, la légitime du droit romain, *debitum subsidium*, appartenait à des proches parents exhérédés, et leur était constituée indépendamment de leur qualité d'héritiers, qu'ils avaient perdue par l'exhérédation.

Sous l'ancien régime, la France, divisée en pays de droit coutumier et pays de droit écrit, offrait donc, quant aux institutions des réserves et des légitimes, deux systèmes bien tranchés.

Dans le nord, où l'élément germanique avait remplacé l'élément romain, la terre, divisée en propres et en acquêts, était considérée, sous le rapport des propres, comme la propriété d'une famille entière; et le propriétaire n'était qu'une espèce de détenteur *fidéicommissaire*. De là l'exclusion des femmes, qui auraient porté la terre dans une autre famille; de là les réserves collatérales; de là encore le retrait lignager.

Dans le midi régnait exclusivement la législation justinienne, qui avait effacé la dernière trace de la distinction entre les *agnats* et les *cognats* de l'ancien droit romain. Dans cet état de choses, la légitime n'était plus qu'un subside alimentaire, donné par la loi à des parents que les liens du sang unissent étroitement.

IV. — En présence de ces deux systèmes, sur lesquels nous avons dû insister, parce qu'ils sont la base des solutions diverses qu'ont reçues les principales difficultés de la matière, les rédacteurs du code civil poursuivirent leur tâche constante de conciliation entre les anciennes législations coutumières, le droit romain, et les principes nouvellement éclos du mouvement philosophique qui précéda le mouvement politique de 89.

Dans la discussion du conseil d'état, suivant l'expression pittoresque de Grenier, il y eut *lutte entre le midi et le nord; et ce fut*, ajoute-t-il, *le midi qui remporta la victoire*.

Nous n'admettons qu'à demi cette solution trop exclusive. Cependant, nous remarquerons qu'avec la chute du système féodal, et avec la nouvelle organisation de la loi successorale, les réserves coutumières devaient disparaître à jamais.

En effet, la distinction en propres et en acquêts, outre la

défiance qu'elle excitait, comme ayant servi à créer et à maintenir une aristocratie terrienne qu'on était loin de vouloir relever en 1803, n'était plus en rapport avec l'importance successivement acquise par les biens meubles. Les développements de l'industrie et du commerce avaient créé une nouvelle source de richesses, rivales des richesses foncières, et qui tendaient à les absorber. Une grande partie des citoyens, dans les villes de commerce et de manufactures, ne connaissaient plus d'autres propriétés que leurs capitaux. Tous les jours, ils se hâtaient d'aliéner leurs immeubles patrimoniaux pour suivre les chances du négoce. Les réserves coutumières furent donc sacrifiées, comme incompatibles avec les nouvelles réformes que la société venait de subir.

Tel fut l'échec que reçut le droit coutumier dans la discussion du titre des Donations devant le conseil d'état. Mais le droit romain n'arriva pas, par suite, à régner seul et sans modifications dans notre législation. Nous croyons surtout que l'axiome fondamental du droit coutumier, que Dumoulin formulait ainsi : *Non habet legitimam nisi qui heres est*, se trouve reproduit dans le système du code civil.

V. — La preuve la plus décisive de l'existence de ce principe dans notre code se tire de l'essence même de notre droit successoral, comparé au même droit chez les Romains.

Dans ce dernier droit, l'hérédité émanait tout d'abord de la volonté du père de famille testateur. Le testament était en si grand honneur dans les premières années de la République, qu'il se faisait, comme une loi, *calatis comitiis* : c'était un acte législatif. Plus tard, quoique l'on se fût éloigné de ces antiques solennités de formes, l'action en nullité contre un testament n'était permise qu'à un très-petit nombre de parents, et seulement à l'aide d'une fiction conservatrice de la sainteté des actes de dernière volonté. On tenait pour maxime que *institutio heredis est caput et fundamentum totius testamenti*; et les textes nous ont transmis la formule capitale : *Titius heres meus esto.* Enfin, c'était un déshonneur de mourir sans avoir testé et institué un héritier, fût-on même insolvable!

Il s'en suivait que les institutions d'héritier étaient le droit commun, tandis que les héritiers du sang n'étaient appelés qu'en seconde ligne, et à défaut d'institués. Les légitimaires étaient exclus eux-mêmes de la succession par les héritiers testamentaires; et ils n'avaient le droit d'exercer contre ceux-ci qu'une action en partage. (V. Domat et Toullier.)

Dans le droit coutumier, au contraire, on tenait pour maxime que *Dieu seul, et non la volonté de l'homme, peut faire des héritiers;* et les institutions testamentaires ne valaient que comme legs, même quand l'institution comprenait la totalité des biens.

Le code a tempéré la rigueur des principes coutumiers; mais il est aisé de voir qu'il s'est guidé sur ces principes, plutôt que sur ceux du droit romain.

Tout d'abord, les auteurs du Discours préliminaire sur le projet du code civil mettent l'institution testamentaire en seconde ligne dans leur exposé. Ils s'empressent de reconnaître qu'aucun homme n'a, par un droit naturel et inné, le pouvoir de commander après sa mort, et de se survivre, pour ainsi dire, par un testament; que c'est aux lois à établir l'ordre ou la manière de succéder, et qu'il serait dangereux et dérisoire de laisser à chaque particulier la faculté illimitée de renverser arbitrairement l'ouvrage des lois.

La déduction de ces principes se fait sentir dans un grand nombre d'articles du code, parmi lesquels on peut citer les articles 924, 1004, 1006, 1009 et 1011.

Le plus formel de tous, celui qui contient de la manière la plus explicite une adhésion aux anciennes coutumes, est l'art. 1004.

Selon cet article, si, au décès du testateur qui a institué un légataire universel, il y a des héritiers à réserve, ce sont eux, et non le légataire, qui sont *saisis*, *de plein droit*, *de tous les biens de la succession ; et le légataire universel est obligé de leur demander la délivrance* des biens compris dans le testament.

C'est là précisément le contraire du droit romain, où l'héritier testamentaire avait la saisine, tandis que les légitimaires étaient réduits à intenter contre lui une action en paiement de leur portion personnelle, *pro parte virili*, dans la réserve.

Nous ne parlerons pas des ...ticles 1008, 1009 et 1011, qui ne font que confirmer la doctrine émise par l'art. 1004 ; et, quant à l'article 924, nous croyons que, bien qu'il ait donné lieu à de nombreuses difficultés, l'interprétation la plus convenable mène directement à cette conséquence, que la réserve est, en droit moderne comme en droit coutumier, une portion de l'hérédité *ab intestat* (1).

______

(1) Cet article est ainsi conçu :« Si la donation entre-vifs réductible a été faite à l'un des *successibles*, il pourra retenir sur les biens donnés la valeur de la *portion qui lui appartiendrait, comme héritier*, dans les biens non disponibles, s'ils sont de même nature. » — Cet article, disent les uns, rappelle l'art. 34 de l'ordonnance de 1731, qui permettait à l'enfant donataire de retenir, tout en renonçant à la succession, la légitime et le disponible. Par conséquent, il prouve que l'on peut avoir droit à la réserve sans être héritier; car, suivant l'art. 785, celui qui renonce est censé n'avoir jamais été héritier. On remarque en effet qu'il s'agit ici d'une renonciation. Le sens grammatical l'indique à suffire : la portion *qui lui appartiendrait* COMME HÉRITIER, c'est-à-dire *au cas où il serait héritier*; hypothèse en dehors de laquelle se place la rédaction de l'article, en employant le conditionnel. Aussi s'est-on bien gardé d'appeler ce donataire un *héritier*; on le nomme simplement un *successible*, c'est-à-dire *habile à succé-*

VI. — Quant aux arguments contradictoires que l'on peut extraire de la discussion du conseil d'état, rien de plus clair

der, mais non pas *succédant*. — Quelques auteurs ne partagent pas en entier cette opinion, ou, du moins, n'en tirent pas la conclusion absolue que nous venons de résumer en quelques lignes. Ils admettent en principe qu'il faut être héritier pour demander la réserve *par voie d'action*, mais qu'il suffit d'être enfant pour y avoir droit *par voie d'exception*. Il en est, suivant eux, de l'art. 924 comme des art. 1235, 1304, 1965, 1967, où l'exception est ouverte à ceux qui n'ont pas l'action. Nous concevons peu un pareil système, qui se compose de deux contradictions évidentes, palliées en vain par une assimilation forcée et invraisemblable. — Une troisième opinion, basée sur l'interprétation grammaticale que nous venons d'exposer, est que l'art. 924 avait été préparé, par la commission du projet du code, dans le même esprit que l'art. 34 de l'ordonnance de 1731 ; et que, bien que les rédacteurs du code aient repoussé le principe adopté par la commission, ils ont laissé, par mégarde, à l'art. 924 sa rédaction primitive. — Il est enfin une quatrième explication, qui repose sur une étude plus approfondie du texte ; et c'est cette dernière que nous adoptons. — Rien, suivant nous, de plus rationnel que les expressions employées par le législateur; elles s'expliquent parfaitement en faveur du système que nous avons adopté sur la nature héréditaire de la réserve, sans qu'il soit besoin d'accuser de négligence les rédacteurs du code civil. Ainsi, 1° l'on a employé le mot *successible* et non celui *d'héritier*, parce qu'il s'agit, dans l'art. 924, du parent qui, *avant le décès*, avait reçu une donation entre-vifs, et se trouvait par conséquent *donataire successible*, et non encore *donataire héritier ;* car le législateur, qui s'occupe de la qualité de l'individu au moment de la donation, ne peut, sans anticiper, lui donner un autre nom que celui de *successible*. 2° Il ne faut pas attacher trop d'importance au conditionnel *appartiendrait*. Le législateur statue ici sur un fait incertain, problématique, conditionnel même, comme le prouve l'emploi de la conjonction *si* au commencement de la phrase. Cette pensée d'un événement à venir a même produit dans et de plus précis à ce sujet que le résumé qu'en présente M. Marcadé, dans ses Eléments de Droit civil (t. 3, p. 485, 3ᵉ édᵒⁿ). Voici les conclusions de cet auteur :

« M. Réal dit que l'enfant qui exerce l'action en demande de légitime fait nécessairement *acte d'héritier*…—M. Emmery dit que les légitimaires ne peuvent faire usage de la réduction *sans se porter héritiers*…—On objecte, dit M. Portalis, que la légitime est une *portion de l'hérédité* : ce principe est incontestable ; mais… —M. Emmery insistant de nouveau sur ce qu'il n'y a pas de doute que les biens recueillis par l'enfant, à titre de légitime, ne soient *une fraction de sa portion héréditaire*, M. Bigot lui répond que l'enfant, à la vérité, ne prend sa légitime que *comme héritier ;* mais que…

» … On prétend que M. Maleville est venu rompre ce concert unanime ; et que, pour faire rejeter le prétendu droit des créanciers, il attaqua hardiment le principe que ses propres amis, aussi bien que ses adversaires, avaient déclaré *incontestable*.

» Eh bien ! ceci est complétement inexact. M. Maleville pensait, *comme tout le monde*, que l'enfant ne pouvait de-

le même article l'emploi d'un futur (*il pourra retenir*), qui aurait été tout aussi bien remplacé par un présent. De plus, dans la phraséologie légale, nul doute que les expressions *celui qui ferait, qui fera*, ou *qui fait*, ne soient d'une synonymie parfaite dans la plupart des cas. 3° Les mots *comme héritier* ont été paraphrasés à contre-sens; et leur véritable signification est indiquée par cette réflexion, que le législateur raisonne dans l'hypothèse où *le successeur* dont on vient de parler accepterait la succession à la suite du décès du donateur, et où les biens, par là même, *lui appartiendraient comme héritier*. Ces mots sont donc loin de se rapporter à une prétendue renonciation. — L'interprétation de l'art. 924 telle que nous venons de la présenter est celle qu'a adoptée l'arrêt Laroque de Mons dans un de ses considérants.

mander la réduction qu'autant qu'il était revêtu de son titre d'héritier, et il avouait formellement *qu'une renonciation lui ferait perdre ce droit.*

» .... Il est vrai que, pour réfuter l'argument par lequel on voulait établir le droit des créanciers, M. Maleville eut le tort d'invoquer une distinction subtile, difficilement saisissable, et pour le développement de laquelle il se jeta dans des propositions auxquelles on a donné ensuite un sens qui était loin de sa pensée. »

VII. — On voit, par tout ce que nous venons de dire, qu'après avoir ramené l'ancien droit coutumier dans les limites les plus compatibles avec les exigences actuelles de la société, par la comparaison de ce droit avec la législation romaine et la législation révolutionnaire (lois du 4 germinal an VIII, du 17 nivôse an II, des 7-11 mars 1793, 8-15 avril 1791), les rédacteurs du code civil se sont arrêtés à un système mixte, qui emprunte au droit ancien un de ses principaux axiomes sur cette matière : *Nullus habet legitimam nisi qui heres est ;* et ce système était le plus naturel, le plus logique, dès que, en fait de succession ; on accordait la priorité à l'hérédité du sang sur l'hérédité testamentaire.

VIII. — L'économie elle-même des art. 913 et suivants indique que le but du législateur a été de faire de la réserve une succession partielle *ab intestat.* En effet, la réserve n'est nulle part instituée expressément au code ; on y parle seulement d'une portion disponible, c'est-à-dire d'une portion qui peut être donnée ou léguée. L'autre portion reste, par voie de conséquence, dévolue à certains héritiers, sans qu'elle leur arrive par donation ou testament. Elle leur appartient donc, comme dans les successions *ab intestat,* en vertu de l'affinité du sang, en vertu de la volonté de la loi, qui supplée ou corrige celle du défunt : c'est ce que les anciens auteurs exprimaient en appelant la réserve *portio portionis ab intestato.*

Il en résulte , comme conséquence évidente , que les règles des successions *ab intestat* sont applicables à la réserve.

IX. — Mais, dès que nous voulons appliquer les plus élémentaires de ces règles , celles qui sont relatives à l'acceptation ou à la renonciation , nous sommes arrêté par un grave dissentiment , qui nous sépare de presque tous les auteurs.

L'art. 913 , fondement de la réserve en ligne descendante, fixe le montant de la quotité disponible , et par suite la réserve, en raison du nombre des enfants existant lors du décès du père.

La première difficulté que l'on rencontre dans l'application de cet article est celle de savoir si l'enfant qui renonce à la succession paternelle doit faire nombre pour le calcul de la réserve. Un exemple rendra plus frappante l'importance qui s'attache à la solution de cette question.

Un père a laissé à son décès deux enfants légitimes, et une fortune de 60,000 fr., dont il a disposé par testament en faveur d'étrangers. Ses deux enfants ont droit aux deux tiers de la fortune, comme héritiers réservataires, soit à 40,000 fr. Mais l'un d'eux renonce à la succession de son père. La quotité de la réserve reste-t-elle fixée comme elle l'était avant cette renonciation; et, dans ce cas, l'acceptant profite-t-il de la part du renonçant; ou bien la réserve diminue-t-elle de quotité par suite de cette renonciation? On comprend que la question ne peut être indifférente pour l'héritier restant, qui, suivant la solution qu'elle recevra , bénéficiera à lui seul de la réserve calculée pour les deux enfants, 40,000 fr.; ou bien, n'aura droit qu'à 30,000 fr., réserve calculée pour un seul enfant.

X. — Pour nous éclairer sur ce point douteux, nous avons le texte de l'art. 913 d'abord, puis l'examen de l'intention du législateur. Le sens grammatical de l'art. 913 semble confirmer l'avis des nombreux auteurs qui soutiennent que la réserve se calcule non sur le nombre des enfants venant à succession , mais sur celui des enfants que *laisse* à son décès le disposant. Le mot *laisser* n'offre à tous ces auteurs qu'un sens complet , sous lequel ne se cache aucune ellipse.

Mais aux yeux de quelques autres , parmi lesquels nous citerons MM. Delvincourt, Valette (Journal Le Droit, 17 décembre 1845), Ginoulhiac, Duvergier, et Marcadé , le mot *laisser*, s'appliquant au père dont les enfants survivent (et doivent, en thèse générale, partager la succession) , signifie *laisser pour héritiers;* et l'on peut, en effet, justifier ce sens par l'emploi de la même locution , avec cette signification bien clairement établie , dans les art. 746, 748, 749 , 787, 788, 789, tous relatifs aux successions.

A cette explication du terme *laisser*, très-plausible dans l'art. 913, et plus évidente encore dans les art. 914 et 915, si l'on joint l'appréciation des motifs qui ont guidé le législateur dans l'établissement des proportions de la réserve , les doutes achèvent de se dissiper.

En se reportant aux discussions du conseil d'état, on voit que, après la discussion et le rejet de différentes bases de calcul, Cambacérès, dans deux séances, présenta avec insistance les chiffres de la quotité qui fut enfin adoptée , et qu'il s'appuya toujours sur des exemples où il supposait les enfants *acceptant et héritiers.*

Si donc l'on fixait la réserve sans avoir égard aux renonciations, et que l'on fît accroître aux co-réservataires la part des renonçants, il arriverait que la base, le fondement capital du système que fit prévaloir Cambacérès, seraient complétement renversés.

En effet, on ne peut plus admettre que, dans le système du code civil, la part du renonçant puisse, comme cela se pratiquait autrefois, être attribuée au légataire ou à l'héritier institué. Elle doit accroître (si elle accroît à quelqu'un) à l'héritier acceptant. Et cet accroissement, venant se joindre à la part déjà aux mains de l'acceptant, augmente cette part au-delà de toutes les proportions si longtemps débattues et si strictement fixées par les auteurs du code. Ainsi la loi, en permettant les accroissements, s'annulerait elle-même !

D'un autre côté, puisque le conseil d'état, — nous croyons l'avoir démontré, — n'accordait la réserve que comme un droit héréditaire, il est évident qu'il entendait fixer la réserve sur le nombre des héritiers ; et comme l'héritier qui renonce est censé n'avoir jamais existé (art. 785), il nous semble que le renonçant ne doit pas être mis au nombre des réservataires pour le calcul de la quotité disponible. Le principe même de la renonciation s'y oppose ; car son résultat est de faire considérer le renonçant comme un être qui, *légalement parlant*, a cessé d'exister avant l'ouverture de la succession. On doit faire abstraction complète de l'existence d'un tel individu ; il est déchu de tous ses droits; il est mort pour ainsi dire civilement, quant à sa faculté d'hériter, au moment où s'ouvre la succession paternelle. Pourquoi le ferait-on figurer dans un calcul auquel il doit rester complétement étranger ?

XI. — On tenterait vainement d'argumenter ici du principe de l'accroissement, en vertu duquel la part du renonçant échoit aux cohéritiers dans la succession *ab intestat*. « La nécessité de l'accroissement, — répond un auteur, — est incontestable toutes les fois qu'il s'agit d'une masse invariable de la succession. Mais si la masse est variable suivant le nombre des héritiers, il faudra régler cette masse avant de rien décider relativement au droit d'accroissement. Or, la renonciation d'un réservataire rétroagit jusqu'à l'ouverture de la succession; et comme c'est à ce moment que la réserve est fixée, il ne doit pas, il ne peut pas être compté; et cela en vertu du même principe qui produit l'accroissement dans la succession ordinaire. » (Ginoulhiac, Revue de droit français et étranger, 1846, p. 460.)

M. Marcadé, dont nous suivons ici la doctrine, attaque le

système de l'accroissement d'une façon assez bizarre, mais
très-ingénieuse et très-logique. Il suppose deux enfants légitimes saisis d'une succession réservataire fixée, suivant l'art.
913, aux deux tiers des biens. L'un des enfants renonce; et,
selon le système opposé, celui qui accepte va se trouver seul
nanti des deux tiers de la succession. Il renonce à son tour; et le
seul parent qui se présente alors pour recueillir la réserve est
un ascendant, réservataire lui-même. En vertu du principe
d'accroissement aux cohéritiers, et en vertu de la dévolution
au degré subséquent (art. 776), principes tout aussi applicables l'un que l'autre à cette matière, la réserve des deux
tiers doit appartenir à l'ascendant. Cependant l'art. 915 limite formellement à un quart la réserve de l'ascendant
unique ! Mais en supposant même qu'aucun ascendant ne
vienne la réclamer, que devient la réserve en présence de la
renonciation des ayant droit ? On la calcule, on la forme, on
reconnaît son existence d'après l'interprétation *littérale* de
l'art. 913; puis on arrive à ne plus savoir quel emploi lui
donner ! — Il est évident, répondra-t-on, que, dans ce cas,
la renonciation générale des réservataires annule totalement
la réserve. — Nous dirons à notre tour qu'il est évident
qu'une renonciation partielle doit amener, de la même manière, une annulation partielle (1).

Concluons donc, avec MM. Delvincourt, Marcadé, etc.,
que la réserve est bien réellement une succession *ab intestat;*
mais qu'elle ne peut suivre les règles applicables à celle-ci
qu'autant que ces règles n'apportent aucun changement à
des principes fondamentaux, parmi lesquels le plus impor-

____

(1) M. Marcadé fait remarquer que M. Coin Delisle, après s'être
prononcé contre le système que nous adoptons, en a pourtant reconnu l'exactitude, en disant, sur l'art. 1098, que, pour calculer
la part d'enfant qu'une personne veuve peut donner à son nouvel
époux, *il ne faut pas tenir compte des enfants renonçants.*

tant est une proportion entre le disponible et le non-disponible, calculée par la loi, et basée sur le nombre de ceux qui prennent part à la succession.

XII. — L'application de notre système sur l'effet des renonciations nous indique suffisamment la solution que nous devons admettre : 1° dans le cas où l'un des enfants réservataires est déclaré indigne de succéder; 2° dans le cas où l'un de ces enfants est absent, sans qu'on puisse prouver son existence (1).

XIII. — Nous trouvons là encore un moyen de trancher une question qui a longtemps divisé les auteurs, avant qu'une jurisprudence uniforme eût levé tous les doutes. On se demandait si le donataire, avec ou sans préciput, qui renonçait pour s'en tenir à la quotité disponible, pouvait, au cas où la réduction était demandée par d'autres réservataires, retenir à la fois le disponible et le réservé.

Grenier, qui a traité cette question *in extenso*, prétend que, d'après l'art. 845, « s'il y a une disposition dont le taux soit supérieur à la portion disponible, de manière que les autres enfants soient obligés de se pourvoir en réduction de la disposition, alors le donataire ou légataire n'est obligé de souffrir cette réduction que jusqu'à concurrence de leurs réserves personnelles. » ('Traité des Donat., n° 566.)

Cette opinion ne saurait être acceptée; et l'enfant qui renonce pour s'en tenir à sa donation ou à son legs ne peut conserver des droits à la réserve, parce qu'il ne se porte pas héritier, parce que la réserve n'est dévolue qu'aux héritiers, et parce qu'elle ne se calcule que sur le nombre des héritiers acceptants. Nous remarquerons de plus que Grenier se trompe en croyant qu'un légataire peut s'acquitter de la ré-

_____

(1) Argument des art. 155 à 159 du code civil. (V. Grenier, n° 567; Duranton, n°ˢ 301 et 312; Merlin, V° Renonciation; Delvincourt, t. II, p. 218; Toullier, t. V., n° 105; Vazeille, n° 10.)

serve en soldant à chaque héritier réservataire la portion vi-
rile qui lui est attribuée dans les biens réservés. Il en était
bien ainsi sous l'ancien droit; et à cette époque les parts
des renonçants accroissaient aux légataires ou aux héritiers
institués. Mais les principes du code civil ont fait de la réserve une succession *ab intestat*, et non un droit acquittable
par le légataire (1).

XIV. — Ces principes conduisent facilement à la solution d'une autre question, soulevée par un arrêt de Bordeaux, en date du 13 août 1840, lequel a décidé qu'*un en-*

(1) Ne voulant pas allonger ce chapitre par des discussions qui
feraient perdre de vue les principes que nous nous efforçons de
poser, nous résumerons en peu de mots l'argumentation de Grenier. — Cet auteur s'appule sur l'art. 845, ainsi conçu : « L'héritier qui renonce à la succession peut cependant retenir le don entre-vifs, ou réclamer le legs à lui fait, *jusqu'à concurrence de la
portion disponible* ». Il semble pourtant que les derniers mots de
cet article ne sont nullement en faveur de l'opinion que nous cri-
tiquons. Mais Grenier prétend qu'ils signifient , *jusqu'à concurrence de la portion disponible, y compris le réservé particulier à
chaque enfant.* Il convient tout d'abord que le texte est parfaitement clair, quand il s'agit d'un donataire ou légataire sans dispense de rapport, lequel, ne pouvant être tout à la fois donataire
ou légataire, et héritier, n'a pas le droit de prendre, outre la portion disponible , sa part afférente de ce qui reste dans la succession. Grenier réserve donc son interprétation de l'art. 845 pour le
cas où il y a eu dispense de rapport; et alors il se fonde sur une
subtilité de rapprochement entre les art. 845, 850, 857. — L'art.
850 dit que le rapport ne se fait qu'à la succession du donateur, et
l'art. 857 dit que le rapport n'est dû que par le cohéritier à son
cohéritier. De là Grenier conclut que le renonçant, n'étant point
héritier, ne doit aucun rapport à la succession, et qu'il n'est tenu
que de laisser la réserve personnelle à chacun des héritiers réservataires.

fant peut renoncer à une succession, et se porter héritier seulement pour la réserve.

Quandoque bonus dormitat Homerus!

La jurisprudence, que nous aurions voulu appeler à notre aide dans cette matière, nous a offert tant de contradictions, que nous avons été obligé de renoncer à son secours, en déplorant, avec beaucoup d'auteurs, « cette versatilité qui semble faire de la vérité des principes une question de temps. » (Bayle-Mouillard, Annotations sur Grenier.)

CHAPITRE II.

RÉSERVE DES DESCENDANTS.

SOMMAIRE.

I. — *Les petits-enfants ne viennent jamais de leur chef et par tête à la succession réservataire. Réfutation de Levasseur.*

II. — *Division en deux sections pour l'étude des droits de diverses classes de descendants.*

PREMIÈRE SECTION. — *Enfants adoptifs.*

III. — *Tous les auteurs admettent en principe le droit à la réserve en faveur de l'enfant adoptif. Examen du texte de l'art. 350. Solution donnée par la jurisprudence.*

IV. — *Suivant Toullier et Grenier, la réserve de l'enfant adoptif ne porte sur les donations entre-vifs qu'autant qu'elles sont postérieures à l'adoption.*

V. — *Suivant Delvincourt, cette réserve ne peut jamais atteindre les donations même postérieures à l'adoption.*

VI. — *Dissidence entre Grenier et Toullier sur l'époque à laquelle commence le droit de réduction pour l'enfant adopté.*

VII. — *Observations critiques sur ces différents systèmes, et sur l'adoption en droit français.*

I. — Deux articles du code règlent seuls les droits des descendants à une réserve légale : ce sont les art. 913 et 914. Le premier nous a déjà occupé d'une manière générale dans le chapitre qui précède. Nous avons vu, en effet, ce qu'on devait entendre par le mot *laissés*, employé dans le texte de cet article, et nous l'avons interprété en l'appliquant seulement aux héritiers (soit enfants, soit ascendants) qui acceptent la succession.

Nous avons aussi examiné les différents cas où l'un des héritiers (soit enfant, soit ascendant) renonce, est absent, est déclaré indigne, est mort civilement.

L'art. 914, dont nous ne nous sommes pas encore occupé, parce qu'il regarde spécialement la réserve des descendants, ne saurait nous offrir de difficultés sérieuses. Il est ainsi conçu : « Sont compris dans l'article précédent, sous le nom *d'enfants*, les descendants en quelque degré que ce soit; néanmoins, ils ne sont comptés que pour l'enfant qu'ils représentent. »

Quelque clair que paraisse cet article, Levasseur, auteur d'un traité sur la quotité disponible, l'a interprété d'une façon très-erronée.

Cet auteur veut que les petits-enfants, quand ils viennent de leur chef à la succession réservée de leur aïeul, et qu'ils ne sont point en concurrence avec des oncles ou des tantes, la partagent par tête et non par souche.

Il est certain que plusieurs jurisconsultes anciens, qui écrivaient dans les pays où la loi romaine était en vigueur, admettaient comme principe ce mode de succession à la réserve, qui n'était pourtant que le résultat d'une tolérance autorisée par un ancien usage. Mais ce système était repoussé dans le droit coutumier; et nous croyons qu'on ne peut le faire dériver aujourd'hui ni de l'esprit, ni des termes de l'art. 914.

Levasseur établit une distinction entre les deux membres de phrase qui composent notre article. Le premier membre indique, suivant lui, que par *enfants* on entend les petits-enfants aussi bien que les enfants; et il décide par conséquent que c'est sur le nombre des têtes descendantes, quel que soit leur degré, que se calcule la réserve. Le second membre, restrictif du premier, prévoit le cas où les petits-enfants seront en concurrence avec des oncles ou des tantes. Or, dans ce cas seulement, dit Levasseur, les petits-enfants n'ont d'autres droits que ceux de leur auteur, qu'ils représentent.

Il est évident que ce n'est qu'au moyen d'une interprétation abusive qu'on peut arriver à une telle solution. De ce que le législateur a dit que les petits-enfants étaient compris dans l'appellation *enfants* de l'art. 913, on ne peut conclure que chaque petit-enfant soit compté pour un *enfant*. Il apparaît même que c'est pour éviter une semblable erreur que le législateur a pris soin de s'expliquer, en ajoutant que les petits-enfants ne sont comptés que pour l'auteur qu'ils représentent. La fin de l'art. 914 ne comporte donc pas la distinction que Levasseur essaie d'y introduire.

Du reste, ce point est maintenant hors de discussion; et nous n'en avons parlé que pour ne pas omettre une question qui a soulevé contre son auteur tous les jurisconsultes contemporains.

II. — Mais, si l'art. 914 a tranché une des difficultés qui s'élèvent sur l'interprétation de l'art. 913, la généralité même de l'expression *enfants*, employée dans ce dernier article, a soulevé d'autres questions que nous allons examiner dans ce chapitre.

La classe des descendants, qui se trouve indiquée dans l'art. 913 sous le nom générique *d'enfants*, comprend *les enfants légitimes les enfants légitimés par mariage subséquent, les enfants adoptifs*, et enfin *les enfants naturels légalement reconnus*.

Les droits de ces diverses personnes ont été diversement appréciés, suivant que ces successeurs appartiennent à l'une ou à l'autre des catégories que nous venons d'établir.

L'étendue des droits de l'enfant légitime n'a pas été mise en contestation, non plus que celle de l'enfant légitimé par mariage subséquent, lequel, suivant l'art. 333, est assimilé à l'enfant né en légitime mariage. Point de difficultés sur ces deux classes d'enfants. Mais il n'en est pas de même des enfants adoptifs ni des enfants naturels; et nous allons traiter cette matière très-délicate dans les deux sections suivantes.

SECTION PREMIÈRE. — *Enfants adoptifs.*

III. — Tous les auteurs s'accordent pour admettre en principe le droit des enfants adoptifs à une réserve sur les biens des adoptants. Ils diffèrent seulement sur la manière dont cette réserve doit être formée lorsqu'il s'agit de réduire les donations entre-vifs.

Exposons d'abord ces différents systèmes; nous verrons ensuite lequel nous devons adopter.

Le premier, le plus simple de tous, se fonde sur l'interprétation littérale de l'art. 350, ainsi conçu:

« L'adopté n'acquerra aucun droit de successibilité sur les biens des parents de l'adoptant; mais il aura sur les biens de l'adoptant les mêmes droits que ceux qu'y aurait l'enfant né en légitime mariage, quand même il y aurait d'autres enfants de cette dernière qualité nés depuis l'adoption. »

Voilà donc, par une fiction légale, l'enfant adoptif assimilé de tous points à l'enfant légitime; et il y a lieu d'appliquer la maxime : *Idem operatur fictio in ficto casu, quam veritas in casu vero.*

Aussi, d'après beaucoup de jurisconsultes, cette assimilation a lieu dans le cas de réductions testamentaires comme dans le cas de réductions de donations entre-vifs. La jurisprudence paraît même fixée dans ce sens par un arrêt de Cassation du 29 juin 1822, confirmatif d'un arrêt de la cour de Montpellier rendu dans l'importante affaire Carion de Nisas (1).

IV. — Cependant plusieurs auteurs se sont élevés contre cette doctrine, et ont cherché à restreindre le plein et entier exercice du droit de succession conféré à l'enfant adoptif par l'art. 350. L'adoption, suivant eux, n'est qu'un contrat civil; et, comme tel, ce contrat est soumis à toutes les règles ordinaires des conventions. Il ne peut par conséquent avoir d'effet rétroactif préjudiciable à des droits antérieurs : *Hoc servabitur quod initio convenit; legem enim contractus dedit.*

Il résultera d'abord de ce système que la réserve, quand elle n'entraînera que la réduction des dispositions testamentaires de l'adoptant, sera la même pour l'enfant adoptif que pour l'enfant légitime. Mais quant à ce qui concerne la réduction des donations entre-vifs, il y aura lieu de s'inquiéter de l'époque de ces donations. Si elles sont postérieures à l'adoption, Grenier et Toullier ne doutent pas que l'enfant adoptif n'ait le droit de les faire réduire. Sont-elles, au contraire, antérieures à l'adoption, celle-ci ne pouvant avoir d'effet rétroactif, l'enfant adoptif n'a aucun droit pour demander leur réduction. Mais ces deux auteurs, d'accord jusque-là, sont bientôt divisés quand il s'agit de déterminer l'époque à partir de laquelle l'adopté acquiert le droit de demander la réduction.

V. — Delvincourt, plus rigoureux encore, veut que les donations, même postérieures à l'adoption, ne puissent être réduites pour la formation de la réserve de l'enfant adoptif. La succession, suivant cet auteur, telle qu'elle est définie par l'art. 350, doit se borner *aux biens laissés* par le défunt à l'époque de sa mort. Cette interprétation est en désaccord

(1) Voir encore un arrêt de Cassation du 26 avril 1808, un arrêt de Trèves du 22 janvier 1813, et un arrêt de Paris du 26 mars 1839.

avec les principes adoptés par nos législateurs en matière de successions, et avec le texte de l'art. 350. Aussi l'avis de Delvincourt n'a-t-il été partagé par aucun autre jurisconsulte (1).

VI. — Enfin, Grenier pense que les libéralités postérieures à l'acte *d'inscription* de l'adoption sont seules susceptibles de réduction; tandis que Toullier fait remonter l'ouverture du droit de réduction à exercer par l'adopté jusqu'au jour de la *formation du contrat*.

Le meilleur argument que l'on puisse invoquer contre tous ces auteurs, après le texte même de l'art. 350, se tire de la formation de la réserve de l'enfant adoptif, quand il est en concours avec des réservataires enfants légitimes. Delvin-

(1) Delvincourt, en émettant l'opinion dont nous venons de parler, s'est trop préoccupé de ce qui aurait dû exister dans notre législation, et il a oublié ce qui y existe. Rigoureusement parlant, la succession d'un individu ne devrait se composer que de ce qu'il laisse à son décès, et de ce dont il n'a pas disposé de son vivant. L'extension donnée au mot *succession* dans l'art. 350 et dans le chapitre qui traite des réductions des dispositions entre-vifs est peut-être un vice dans notre législation. Elle prouve, avec beaucoup d'autres exemples semblables, que des imperfections de langage, dont la portée n'était pas d'abord sentie, ont établi, dans un code fait à diverses reprises et par parties détachées, de nombreuses imperfections et des défauts d'harmonie. Ces imperfections ont plus d'une fois détruit cette unité de système philosophique qui devrait régner dans l'ensemble d'une législation. — Il eût été peut-être plus rationnel de réduire les droits de l'adopté aux biens que l'adoptant possédait lors du contrat d'adoption ou qu'il aurait acquis depuis; de même que le droit pour les enfants légitimes aurait pu ne pas atteindre des biens aliénés à titre gratuit par leurs auteurs avant la célébration du mariage dont ils sont nés. Dans ce système, la réserve seule des ascendants aurait atteint tous les biens donnés, quelle que fût l'époque de la donation.

court, Grenier et Toullier sont obligés de convenir que l'adopté jouit, dans ce concours, des mêmes prérogatives que les enfants légitimes; et cette seule concession ruine tout leur système. Dès que l'enfant légitime n'est pas, dans une hypothèse quelconque, plus favorisé que l'enfant adoptif, il s'en suit nécessairement qu'il y a égalité entre eux, et que l'enfant adoptif, comme l'enfant légitime, doit être préféré à tout légataire ou donataire.

VII. — Après avoir parcouru cette singulière échelle de conséquences diverses, nous ferons remarquer qu'en s'éloignant du véritable principe posé dans l'art. 350, et qui assimile *de tous points* l'enfant adoptif à l'enfant légitime, on abandonne le seul guide admissible en pareille matière. Alors, suivant que l'on est frappé de certains inconvénients ou épris de certains avantages, on se fraie une route arbitraire, où l'on s'avance à volonté, qui plus loin, qui moins loin; et il en résulte une confusion qui explique et multiplie les erreurs de la jurisprudence. « Lorsqu'on voudra, dit Grenier, opposer ses propres idées à la disposition précise de la loi, ce sera le moyen de s'égarer. »

Pour nous, nous reconnaîtrons que l'adoption ne devait pas produire dans notre état civil des effets aussi étendus que ceux qu'elle produisait chez les anciens peuples, surtout chez les Romains. On l'a dit avec raison : *l'adoption n'est pas dans nos mœurs*; et le législateur aurait dû réfléchir plus attentivement avant de concéder à l'enfant adopté ce droit exorbitant de faire réduire des donations antérieures au contrat d'adoption.

Qu'importe que l'adoption soit un contrat qui intéresse plus la société qu'un simple contrat civil ou de commerce? Le mariage est un contrat d'une bien autre importance, et pourtant il ne produit pas des effets destructifs des droits antérieurs des tiers. Le seul intérêt assez sacré pour être protégé par une réduction des donations antérieures est celui des descendants et des ascendants légitimes.

65

Mais nous devons, malgré nos regrets, nous incliner devant la toute-puissance du texte si clair et si précis de l'art. 350. Aussi MM. Malpel, Vazeille, Coin-Delisle et Marcadé ont-ils adopté sans hésitation le sens le plus explicite donné à cet article; et ils avaient été devancés par Merlin et Levasseur. Aujourd'hui donc on peut regarder la doctrine et la jurisprudence comme fixées sur cette question.

SECTION DEUXIÈME. — *Enfants naturels reconnus.*

VIII. —Dans notre Introduction, nous nous sommes efforcé d'établir que le droit de réserve est une conséquence légale du droit naturel, qui impose aux parents l'obligation de laisser à leurs enfants au moins une partie de leurs biens. Dans notre premier chapitre, nous avons décidé, avec la plupart des auteurs, que la réserve est une succession partielle *ab intestat*, et qu'elle doit suivre les règles applicables à ces sortes de successions, sauf les exceptions réclamées par sa nature même, et écrites au code.

Ainsi, selon nous, dès que la reconnaissance de l'enfant naturel a créé des rapports de paternité et de filiation légales entre cet enfant et son auteur, la loi civile, sanctionnant la loi naturelle, peut créer un droit de réserve réciproque sur les biens de ces parents naturels.

Seulement, comme il est juste que le mariage établisse des liens plus serrés, plus de devoirs et d'obligations civiles, et qu'il soit plus honoré que l'union naturelle, on conçoit facilement que les effets produits par cette union soient d'une bien moindre étendue, dans la loi civile, que ceux produits par le mariage.

IX. — Ainsi, en matière de succession, et c'est le seul point qui nous occupe ici, l'art. 756 refuse aux enfants naturels la qualité d'héritiers, et ne leur constitue qu'un droit, une sorte de créance sur les biens de leurs parents. Cette créance est réglée, quant à sa quotité, par les art. 757

et suivants, en raison de la proximité de la parenté des héritiers du sang avec lesquels l'enfant naturel se trouve en concours. Le droit de cet enfant est donc nettement établi et défini quand il s'agit d'une succession *ab intestat*.

Eh bien! la réserve n'étant *qu'une partie de la succession ab intestat, dont on ne peut priver certains héritiers*, les droits des enfants naturels sur la réserve doivent être de même nature et réglés de même manière que leurs droits dans les successions dévolues aux héritiers du sang. Si donc ils venaient à la *succession ordinaire* pour la moitié ou le tiers de ce qui aurait appartenu à l'enfant légitime ou à l'ascendant, ils viendront de la même façon à la *succession réservée* pour la moitié ou le tiers de ce qu'y doit prendre l'enfant ou l'ascendant légitime.

X. — Les rédacteurs du code n'ont point fait mention des enfants naturels, en parlant de la quotité disponible et de la réserve, parce qu'ils n'examinent que les droits des ascendants et descendants *héritiers*, et que les enfants naturels ne sont point des *héritiers*.

De là, quelques auteurs se sont crus en droit de conclure, suivant la maxime *inclusio unius est exclusio alterius*, que les enfants naturels ne devaient avoir aucune réserve. D'autres, en plus grand nombre, ont pensé que le silence gardé par le code renvoyait implicitement à l'application des règles tracées par la loi, au titre des successions; et que, de nombreux rapports unissant constamment les textes relatifs aux successions et aux donations, on ne pouvait opposer ici l'inapplicabilité du titre des donations à une matière qui a trait aux successions.

Nous regrettons que la loi ait gardé un profond silence sur les droits de réserve des enfants naturels, et qu'il y ait eu absence de toute discussion à ce sujet au sein du conseil d'état; mais nous partageons l'avis des auteurs qui pensent que l'on peut déduire par voie de conséquence rigoureuse l'existence de ce droit (1).

XI.—Le seul monument historique que l'on trouve sur cette matière, dans les nombreux travaux auxquels a donné lieu la confection du code civil, est un passage d'un rapport fait au tribunat par le tribun Jaubert, et ainsi conçu :

« Les enfants naturels ne pourraient-ils donc pas aussi réclamer la réduction des donations entre-vifs ?

» Jamais.

» La loi établit la réserve pour les enfants légitimes : *Qui de uno dicit, de altero negat.*

» A la vérité le titre *des Successions* veut que le droit de l'enfant naturel sur les biens de ses père et mère soit d'une quote-part qui varie suivant la qualité des héritiers présomptifs.

» Mais ce droit ne se rapporte qu'à la succession.

» Les enfants naturels ne peuvent donc l'exercer que sur la succession, *telle qu'elle est.* Or les biens donnés ne sont pas dans la succession. »

XII. — Ces mots sont parfaitement clairs. Mais il ne paraît pas qu'ils aient exercé aucune influence sur les membres du tribunat ou du conseil d'état ; ils ne représentent plus aujourd'hui que l'opinion toute personnelle de celui qui les prononça. Aussi, sans nous y arrêter davantage, nous passons à l'examen d'un second système, suivant lequel les enfants naturels ont droit à une réserve sur les biens de leurs auteurs légués par testament, mais non sur les biens donnés entre-vifs. Cette opinion a été soutenue par Delvincourt et

(1) Légalement parlant, point de *réserve* pour l'enfant naturel, mais *droit, créance* sur une *portion de la réserve destinée* à l'enfant légitime, et ce dans les limites de l'art. 757. De même, légalement parlant, point *d'héritage* pour l'enfant naturel, mais *droit, créance* sur une portion de l'héritage attribué à l'enfant légitime.

par Toullier ; mais ce dernier l'a abandonnée dans la suite, pour se ranger à l'avis de Merlin, Grenier, etc., que nous examinerons bientôt.

En principe général, disent les partisans de l'opinion de Delvincourt, les biens donnés entre-vifs ne rentrent dans la succession que fictivement (924), et seulement pour le calcul de la réserve. Si les donations entre-vifs subissent quelquefois une réduction, c'est non pas pour faire rentrer dans la succession des biens qui, une fois donnés, n'appartiennent plus au défunt, mais c'est pour empêcher celui-ci de se soustraire frauduleusement à ses obligations naturelles ; c'est pour procurer à ses enfants des moyens d'existence qu'il leur doit au nom de la loi naturelle et de la loi civile. Mais cette réduction, surtout quand elle s'applique à des donations antérieures à la naissance de l'enfant, est un droit si exorbitant, qu'il faut le maintenir dans une limite étroite ; et l'on doit penser que le code n'a voulu déroger ainsi aux règles fondamentales de la libre disposition de la propriété, que dans l'intérêt des enfants légitimes, *des héritiers*. Le mariage seul a pu autoriser le législateur à sortir des règles ordinaires ; et les enfants naturels ne peuvent profiter d'une disposition si exceptionnelle.

Nous nous empressons de reconnaître la vérité de tous ces principes en thèse générale, et abstraction faite des textes du code civil ; mais nous croyons que les relations créées par notre législation entre les droits des enfants légitimes et ceux des enfants naturels, droits qui ne diffèrent que par la quotité, et par l'absence de la qualification *d'héréditaires*, quant aux derniers, ne permettent pas toujours d'adopter cette opinion.

XIII — Tel que nous venons de l'exposer, le système de Delvincourt est mixte, et tient le milieu entre celui que nous adoptons et celui de Chabot, qui refuse à l'enfant naturel toute espèce de droit sur la réserve. Mais cette solution transactionelle a été attaquée à la fois et par Chabot lui-même, et par les auteurs que Chabot combattait : « Je pense, — dit ce dernier, — que, si l'on doit adopter le système d'une réserve légale (1) en faveur des enfants naturels reconnus, il faut l'adopter d'une manière équitable et franche, comme à l'égard des enfants légitimes, toutefois en réduisant la réserve des enfants naturels dans la même proportion que la loi a réduit leurs droits par l'art. 757. » (Successions, sur l'art. 756, n°. 20.)

Chabot se livre ensuite à l'examen très-approfondi et très-détaillé de toutes les objections que l'on peut élever contre ce dernier système ; et il les détruit une à une, en montrant que leur unique résultat serait, non pas, comme le pensent ceux qui les émettent, de restreindre les droits des enfants naturels à une réserve sur les biens existants au décès de leur auteur, mais d'annihiler ce droit, de l'attaquer par sa base même, et de détruire ainsi les règles que ces objections ont pour but d'étayer (2).

(1) Locution vicieuse : l'enfant naturel n'a pas de réserve, mais il a un droit sur la réserve accordée à l'enfant légitime. Du reste, pour éviter une périphrase, nous serons souvent obligé de nous servir de la même expression. C'est là une imperfection de notre langue française, la plus précise cependant de toutes les langues modernes. (*Voir notre note sur le n° X.*)

(2) Nous sommes forcé de rejeter en note le détail de cette discussion, qui entraverait notre examen rapide des différents systèmes sur la réserve des enfants naturels. — On objecte, dit Chabot, que les enfants naturels, d'après l'art. 756, n'ont de droit *que sur les biens de leurs parents décédés* ; que, d'après l'art. 921, la loi ne permet l'action en réduction des donations entre-vifs qu'à ceux au profit desquels elle constitue une réserve, c'est-à-dire aux parents légitimes, comme l'indiquent les art. 913 et suivants. Mais, ajoute notre auteur, si ce droit des enfants naturels se borne à faire réduire les dispositions testamentaires, il sera très-souvent éventuel et illusoire ; les parents disposeront entre-vifs de la totalité de leurs biens, et se soustrairont ainsi à l'obligation civile pour l'exécution

XIV. — Au reste, toute la question gît dans les termes mêmes de l'article 756 : « La loi ne leur accorde de droits *sur les biens de leurs père et mère décédés* que lorsqu'ils ont été légalement reconnus. »

Les expressions *les biens de leurs père et mère décédés* sont-elles synonymes du terme *succession?* signifient-elles seulement la masse active existant au décès et avant tout rapport ou réduction?

de laquelle on veut que la réserve ait été accordée aux enfants naturels. Ce système pèche donc par sa base ; car on ne peut admettre que la loi, en accordant un droit à l'enfant naturel, ait cependant voulu laisser la plus grande latitude pour qu'on pût arbitrairement le priver de ce droit. Il faudrait, pour qu'une telle limitation fût recevable, qu'elle fût écrite dans un texte formel ; or, ce texte manque. De plus, le texte de l'art. 756 ne dit pas que l'enfant naturel N'A de droits QUE sur les biens de ses auteurs décédés ; il indique seulement qu'il N'A de droits sur les biens de ses père et mère décédés QUE lorsqu'il a été légalement reconnu. Ce passage, rapproché de l'art. 761, où il est question d'une donation faite à l'enfant naturel du vivant de son auteur, signifie seulement que cet enfant n'a aucun droit sur les biens de ses père et mère *pendant leur vie.* C'est un principe que le législateur a énoncé implicitement dans cet article, comme déjà, à propos des enfants légitimes, il avait énoncé explicitement la même pensée dans l'art. 204. Quant à l'objection que les biens donnés entre-vifs ne font pas partie de l'hérédité, elle a directement pour effet de détruire tout système de réserve en faveur des enfants naturels, puisque la réserve n'est elle-même qu'une portion de l'hérédité applicable seulement aux héritiers, et que l'enfant naturel n'est pas héritier. Enfin, le rapprochement des art. 913 et 921, où il n'est question que des *héritiers légitimes,* ne produit pas pour résultat de démontrer que la réserve des enfants naturels ne peut porter sur les donations entre-vifs ; son seul effet est d'annihiler toute espèce de réserve en faveur de ces enfants. (Voir Chabot, *loco citato;* Grenier, Donat. et Testam., t. IV, nº 660 à 665 ; Merlin, vº Réserve.)

Quand on lit l'article suivant, 757, et que l'on examine la manière dont on compute la part de l'enfant naturel qui est en concours avec des enfants légitimes, on voit qu'il n'y a pas, pour ce calcul, deux masses héréditaires distinctes, l'une à l'usage des fils légitimes, l'autre à l'usage du fils naturel; qu'il n'y a qu'une succession uniforme, régulière, composée suivant les règles ordinaires, et à laquelle viennent prendre part l'enfant légitime et l'enfant naturel, mais dans des proportions différentes, et à titre différent.

Cet article suffit pour résoudre la question, et pour montrer d'une façon évidente que le droit de l'enfant naturel s'étend sur toute la succession, et non pas seulement sur les biens laissés au décès.

XV. — Nous devons enfin parler de l'article 761, qui occupe une place importante au milieu des discussions nées au sujet de la réserve des enfants naturels. Voici cet article dans toute son étendue :

« Toute réclamation leur est interdite lorsqu'ils ont reçu, du vivant de leur père ou de leur mère, la moitié de ce qui leur est attribué par les articles précédents, avec la déclaration expresse, de la part de leur père ou de leur mère, que leur intention est de réduire l'enfant à la portion qui lui est assignée.

» Dans le cas où cette portion serait inférieure à la moitié de ce qui doit revenir à l'enfant naturel, il ne pourra réclamer que le supplément nécessaire pour parfaire cette moitié. »

Cette restriction facultative, accordée aux parents de l'enfant naturel reconnu, est créée dans l'intérêt de la tranquillité des familles; elle ouvre une voie pour débarrasser très-souvent les héritiers légitimes du concours d'un individu qui, suivant les expressions d'un orateur, ne peut être pour eux qu'un *créancier odieux*.

Mais elle offre en même temps un avantage aux enfants naturels, qui la plupart du temps aiment mieux recevoir,

du vivant de leur auteur, une somme qu'ils emploient utile-
ment pour s'établir, que d'attendre longtemps l'ouverture
de sa succession. Les enfants naturels s'empresseront donc
presque toujours d'accepter la moitié limitée par l'article 761,
sans que l'on puisse toutefois les y forcer ; car c'est là une
donation (on pourrait même dire un *avancement d'hoirie*, si
l'enfant naturel pouvait être *héritier*) ; et il est de l'essence
même du contrat de donation que le donataire accepte volontairement la libéralité qui lui est faite. C'est donc en vain
que Toullier et plusieurs autres auteurs ont prétendu qu'on
pouvait imposer cette donation à l'enfant naturel, même contre
sa volonté. Quoique la jurisprudence ait sanctionné cette opinion par deux arrêts de Cassation, des 31 avril 1838 et 31
août 1847, nous pensons avec Merlin, Chabot, Grenier,
Maleville, Delvincourt, Favard de Langlade, et avec MM.
Marcadé et Demante, qu'admettre en telle circonstance la
volonté despère et mère sans le concours de celle de l'enfant,
ce serait soumettre celui-ci à une condition si rigoureuse
qu'elle ne saurait se présumer en l'absence d'un texte plus
précis que l'article 761. Ce ne serait même pas là un moyen
de débarrasser forcément la famille du concours d'un *créancier odieux*, ainsi que le prétendait le tribun Siméon ; car,
si l'enfant naturel regarde ce qu'il a reçu du vivant de son
père comme inférieur à la moitié de ce qu'il devait recevoir
au décès de celui-ci, l'article 761 lui donne contre les héritiers légitimes une action en supplément de cette moitié.

XVI. — Mais là ne se borne pas la difficulté : on doit se
demander encore si cette réduction à la moitié peut porter
sur les droits auxquels l'art. 913 a donné naissance ; et c'est
par là surtout que l'art. 761 se rattache à notre sujet.

Suivant l'opinion la plus généralement admise, à laquelle se sont rangés Grenier et Toullier, et qu'a adoptée la
jurisprudence, cette réduction dont parle notre article est
applicable à la part que l'enfant naturel prend dans la ré-

serve de façon ; que la portion de cette réserve à laquelle, suivant nous, l'enfant naturel a droit peut encore être réduite de moitié.

On répondra qu'il est impossible de tirer de l'art. 761 une telle conséquence ; qu'on ne peut penser que le législateur ait entendu parler des droits mentionnés dans l'art. 913, quand il a dit dans l'art. 761 : « La moitié de ce qui leur est attribué par les *articles précédents* (757 et 758) ; » qu'enfin le chapitre des donations est totalement distinct de celui des successions et des articles où il s'agit de réserve et de quotité disponible.

Ces objections, soulevées par quelques jurisconsultes, et reproduites dernièrement par M. Marcadé, sont faciles à détruire. Nulle part le code n'a expressément stipulé une réserve en faveur des enfants naturels. Cette réserve, M. Marcadé l'a déduite, comme nous, par voie de conséquence, en reliant les art. 756 et suivants avec l'art. 913. Il adopte, comme nous, l'idée que la réserve n'est qu'une succession partielle *ab intestat*, et que la proportion indiquée par l'art. 757 entre les droits des enfants naturels et ceux des enfants légitimes doit être appliquée, quand il s'agit de la succession *entière ab intestat*, comme quand il s'agit de la succession *partielle ab intestat* de l'art. 913. Il reconnaît donc par là le jeu simultané de ces deux articles l'un sur l'autre, et ses objections tombent devant une telle concession. Car il est clair que, si, d'un côté, on peut réduire l'enfant naturel à la moitié des droits, mentionnés dans l'art. 757, et si, d'un autre côté, ces droits de l'art. 757 peuvent n'être que des droits à la réserve de l'art. 913, le résultat de cette réduction de moitié rejaillit du premier de ces articles (757) sur le dernier (913), et vient par conséquent diminuer encore de moitié la part de réserve affectée à l'enfant naturel.

Il s'ensuit que, quand le père d'un enfant naturel aura épuisé sa fortune par des dispositions testamentaires ou entre vifs, et que, de plus, il aura voulu réduire son fils naturel à la moitié de la part successorale indiquée dans l'art. 757, le droit que cet enfant avait dans la réserve de l'art. 913 sera diminué de moitié. Autrement il faudrait admettre que le père naturel a deux moyens de réduire les droits de son fils : le premier en lui faisant la donation prévue par l'art. 761, et le second en épuisant tous ses biens, de façon que son fils soit forcé d'exercer les réductions qui sont la conséquence de l'art. 913. C'est l'avis de MM. Duranton, Vazeille, Marcadé et Duvergier. Mais une telle complication dans le système de la réserve des enfants naturels ne nous semble pas admissible. On est déjà assez peu sûr du terrain où l'on marche, quand on traite d'une matière sur laquelle le code a gardé le silence le plus complet, sans qu'il faille créer sous ses pas de nouvelles difficultés d'interprétation.

XVII. — Quelle que soit, du reste, la solution à laquelle on s'arrête, il n'en résulte pas moins que l'enfant, d'après l'art. 761, a sur la succession de son auteur certains droits dont il ne peut être privé.

Mais comment les exercera-t-il, si les dispositions, soit testamentaires, soit entre-vifs, ont épuisé la totalité des biens ? — Evidemment ce ne pourra être qu'en demandant la réduction de ces dispositions. Remarquons de plus que l'art. 760 assujettit l'enfant naturel reconnu, non pas à la nécessité du *rapport*, mais à la nécessité de l'*imputation* de ce qu'il a reçu ; et ce, dit cet article, « d'après les règles établies à la section II du chapitre VI du présent titre », c'est-à-dire d'après les règles établies pour les *rapports*.

Que si le code a parlé des *biens* et non de la *succession*, cela tient à l'idée qu'il a voulu donner de la nature des droits des enfants naturels reconnus. Ces enfants ne sont point des *héritiers*; il n'y a donc pas pour eux d'*hérédité*, mais des droits sur les biens : et comme nous sommes au chapitre des *successions*, et sous la rubrique des *successions irrégulières*, ces biens sont ceux des pères et mères décédés, autrement dits *la succession de leurs père et mère*.

« Quand on se pénètre, dit Chabot (citant Merlin et Grenier), de l'ensemble des art. 756 à 761, on est convaincu qu'à la qualité près d'*héritiers*, que le législateur a refusée aux enfants naturels, afin d'honorer le mariage, en ne les mettant pas au niveau des enfants légitimes, il leur a accordé des droits très-réels sur les biens de leurs père et mère.

» Les formalités auxquelles l'exercice des ces droit est assujetti n'empêchent pas qu'ils existent. Le législateur n'a pas voulu qualifier ces droits de *créance* (1); il était en effet difficile d'assimiler à un droit de *créance* un droit qui consiste à réclamer une portion des biens en nature, plus ou moins forte selon les circonstances, et même la totalité en un cas. Mais ce qui devient décisif, c'est la disposition de l'art. 757. Le droit de l'enfant y est fixé à une quotité de la portion héréditaire que l'enfant naturel aurait eue s'il eût été légitime : le droit de l'enfant légitime forme donc le type du droit de l'enfant naturel; la différence reste seulement *quant à l'étendue*. »

A l'autorité de Merlin, Grenier et Chabot (2), nous pourrions joindre ici celle de Toullier, Malpel, Favard, Vazeille,

(1) Le projet de l'art. 756 portait : « Les enfants naturels n'ont qu'une créance sur les biens de leurs père et mère décédés. » Le mot *créance* n'ayant pas paru suffisamment expliquer la nature de ce droit, qui est un véritable droit successoral, moins le titre honorable d'héritier, on y substitua dans la discussion le mot *droit*, plus vague et plus explicite; mais, selon Bigot-Préameneu : « Le droit de l'enfant naturel est, sous le rapport de créance, *une participation à la succession*. »

(2) Chabot, après avoir nié tout droit des enfants naturels à une quotité quelconque de la réserve, est revenu, pour ainsi dire, sur cette opinion; et, tout en la maintenant dans son ouvrage, il s'est attaché surtout à faire voir les nombreuses objections qu'on pouvait y faire. Enfin il a étudié avec beaucoup de soin, en l'adoptant en seconde ligne, le système que nous adoptons nous-même.

Dalloz, etc.; et nous ajouterons que la jurisprudence a sanctionné ces principes. (Voir Cassation, 27 avril 1830, 28 juillet 1831, 31 août 1847.)

XVIII. — En résumé, on peut réduire à trois principales les doctrines que nous venons d'examiner.

1°. Il n'y a pas de réserve pour les enfants naturels, puisque le code n'en fait pas mention. Les droits de ces enfants, précisés par les articles 756 et suivants, peuvent seulement subir une diminution dans le cas de l'art. 761. C'est là le système soutenu par Chabot d'abord, et ensuite presque abandonné par lui.

2°. L'enfant naturel a une réserve, ou plutôt un droit sur la réserve accordée à l'enfant légitime; et il exerce ses droits sur la légitime de l'article 913, en se renfermant dans les proportions établies par l'article 757. Il participe, par conséquent, comme l'enfant légitimé au bénéfice des réductions de donations entre-vifs et de dispositions testamentaires.

3°. L'enfant naturel a des droits sur la réserve; mais il ne participe pas au bénéfice des réductions de dispositions entre-vifs (1).

XIX. — Lorsque nous avons parlé de la masse successorale à former pour le calcul de la réserve des enfants naturels, nous avons composé cette masse en y ajoutant non seulement les legs et donations réductibles, comme nous venons de montrer qu'on devait le faire, mais encore les *rapports*. Cependant, cette participation de l'enfant naturel aux rap-

(1) Il est encore un quatrième système, qui consiste à regarder les enfants naturels comme devant jouir toujours et en tous cas de la portion qui leur est accordée par les art. 757 et suivants, ces articles formant ainsi le droit de réserve, aussi bien que celui de succession. Il nous suffit de noter ce système pour mémoire; car on voit aussitôt quel en serait le résultat : il y aurait souvent plus de profit à être enfant naturel qu'enfant légitime.

ports n'est pas universellement admise. On dit que le rapport n'est dû que par l'héritier à son cohéritier ; et que l'enfant naturel, d'après les termes même du code, n'est pas un héritier.

Cette objection serait fondée, s'il s'agissait de savoir si l'enfant naturel est assujetti au rapport proprement dit ; et alors nous verrions qu'il est seulement assujetti à *l'imputation*, c'est-à-dire à une disposition qui a un résultat assez analogue. Mais ici nous avons démontré que la réserve de l'enfant naturel devait se calculer en suivant les principes posés par l'article 757 ; et cet article nous dit que, si l'enfant naturel concourt avec des enfants légitimes, il a droit au tiers de ce qu'il durait eu s'il eût été enfant légitime. Or, la part de la succession pour un enfant légitime se formant évidemment au moyen des rapports, la part de l'enfant naturel suit les mêmes règles, sauf la proportion à garder entre les droits respectifs de ces deux successibles. Et ce qui est vrai pour la succession *ab intestat* de l'article 757 est également vrai pour la réserve de l'article 913.

Telle était en effet la solution qu'avait donnée à cette question un arrêt de la cour d'Amiens très-savamment motivé, en date du 26 novembre 1811. Toullier a soutenu contre cet arrêt la thèse que nous combattons, tandis que Chabot et Duranton ont résolu ce point de droit dans le sens de la cour d'Amiens ; et la cour de Cassation a sanctionné cette dernière doctrine par un arrêt du 28 juin 1831.

XX. — On a encore contesté à l'enfant naturel le droit de faire réduire les donations antérieures à sa reconnaissance, en alléguant que cette réduction, si elle était autorisée, porterait préjudice aux droits des tiers, et que le législateur, dans l'article 337 du code civil, avait prévu un cas analogue. En effet, dans cet article, il est dit que « la reconnaissance faite pendant le mariage, par l'un des époux, au profit d'un enfant naturel qu'il aurait eu, avant son mariage, d'un autre que de son époux, ne pourra nuire ni à celui-ci, ni aux enfants nés de ce mariage. »

Nous avons déjà eu l'occasion de parler d'une difficulté analogue, relative à la faculté accordée à l'enfant adoptif de faire réduire les donations antérieures à son adoption. (Voir le présent chapitre, n^{os} V, VI, VII, VIII.) Nous pensons que des motifs de même nature doivent entraîner ici une solution semblable, quand il s'agit de l'enfant naturel. Ses droits sont identiques aux droits de l'enfant légitime, sauf leur qualification et leur proportion; et ce qui est admis pour celui-ci doit être admis pour celui-là.

L'exception formulée par l'article 337 nous touche fort peu, parce qu'il est de la nature même d'une exception de ne pouvoir être facilement étendue hors de l'ordre de choses auquel elle s'applique. L'article 337 est destiné uniquement à protéger le mariage et les enfants qui en naîtront, tandis qu'il s'agit ici du droit des tiers donataires. C'est ce qu'a décidé du reste, avec beaucoup de raison, un arrêt de Cassation du 16 juin 1847. (Voir Journal du Palais, t. II de 1847, p. 87.) « Cet arrêt, dont les termes sont très-remarquables (dit l'annotateur), pose en principe, d'une manière formelle, que les différences qui existent, quant aux biens, entre les enfants naturels et les enfants légitimes *ne sont pas inhérentes à la nature, mais à la quotité; et que les droits de l'enfant légitime forment ainsi la base et le type de ceux qui compètent à l'enfant naturel.* »

Nous nous arrêterons ici : car nous venons d'examiner les principales difficultés que présentent les droits des enfants naturels sur les biens réservés par l'article 913, et nous ne devons pas entrer dans toutes les questions de détail et d'application pratique, que le cadre de cette thèse ne comporte pas.

CHAPITRE III.

RÉSERVE DES ASCENDANTS.

SOMMAIRE.

I. — *La réserve des ascendants est une dérivation du droit naturel, sanctionnée par la loi civile.*

II. — *Réserve des ascendants sous l'empire du droit coutumier et du droit écrit. Ordonnance de 1735.*

III. — *Principe du droit romain, adopté par les rédacteurs du code civil, mais avec une proportion différente.*

IV. — *La définition de la réserve,* portio portionis quam quis haberet ab intestato, *est applicable à la réserve des ascendants, malgré une contradiction apparente. Opinion de Domat. Réfutation de l'opinion de Levasseur et de Delvincourt.*

V. — *Application des principes précédents et de la maxime de l'ancien droit :* Nullus habet legitimam, nisi qui heres est.

VI. — *Les ascendants peuvent se trouver, vis-à-vis de la succession de leurs descendants, dans quatre positions différentes. Examen de chacune de ces positions.*

VII. — *Objections contre l'art. 915 réfutées par le texte de l'art. 750 et par la discussion au conseil d'état.*

VIII. — *Le mot ascendants, de l'art. 915, ne doit pas s'entendre du père et de la mère seulement. Citation de Maleville.*

IX. — *Faute commise par les rédacteurs du code civil, en excluant les aïeuls de la succession de leurs petits-enfants, quand ils sont en concours avec des collatéraux frères et sœurs, ou descendants de ces derniers.*

X. — *Les ascendants se remplissent de leur réserve sur les biens liquides de la succession, sans avoir égard à leur partage avec les collatéraux. Ceux-ci ne peuvent obliger les as-*

cendants à discuter les libéralités du défunt que quand les biens existant au décès sont insuffisants pour parfaire la réserve.

XI. — *Les collatéraux n'ont pas de réserve. Ils ne peuvent devenir réservataires par la renonciation des ascendants. Réfutation d'un arrêt de Caen.*

XII. — *Les dispositions des art. 753 et 754 sont étrangères au droit de réserve des ascendants.*

XIII. — *Il en est de même de la succession dite retour légal. Opinion contraire de Toullier, Duranton et Chabot. Réfutation de ces opinions.*

XIV. — *Les ascendants adoptifs n'ont pas de réserve légale.*

XV. — *Les ascendants naturels n'ont aucun droit de réserve sur les biens des enfants naturels.*

XVI. — La prescription de la loi, conforme au vœu de la nature, assure aux ascendants une réserve dans la succession des descendants.

Mais cette réserve ne peut leur être accordée que quand leurs descendants décédés n'ont pas eux-mêmes laissé de descendants. Et la loi civile suit encore en cela les indications du droit naturel : « En cas de collision, dit Wolff (Principes du droit de la nature et des gens), lorsqu'il s'agit de rendre les devoirs de l'humanité, les enfants doivent préférer leurs parents à tout autre, excepté à leur femme et à leurs enfants, s'ils sont maris et pères. »

Ce sentiment de préférence pour les descendants émane, suivant nous, d'un principe éminemment conservateur de la société : car les devoirs envers la génération appelée à perpétuer l'espèce humaine sont ainsi préférés aux devoirs qui nous rattachent à une génération dont le rôle est en partie terminé.

Le droit romain avait adopté la maxime que la légitime était due par les enfants à leurs parents *quemadmodum liberis a patribus;* mais il avait également admis que c'était seulement à défaut d'enfants.

Un autre motif, qui avait encore inspiré la loi romaine, détermine aujourd'hui la loi française : c'est que, les enfants et les petits-enfants de tout degré étant dans l'obligation de nourrir leurs ascendants, dès qu'un père laisse à sa mort des enfants, ceux-ci sont à leur tour chargés de prendre soin de leurs grands parents, et succèdent à cet égard aux obligations de leur père.

II. — Sous l'empire du droit coutumier, les propres étant dévolus aux collatéraux, les ascendants ne pouvaient recueillir dans la succession de leurs enfants que les acquêts et les meubles; mais la liberté entière laissée au mourant, quant à la disposition de cette sorte de biens, privait les ascendants de toute réserve légale.

Ce résultat était inévitable : en effet, il eût été trop dur, après avoir enlevé au défunt la libre disposition de ses propres, de lui enlever encore, au profit de ses ascendants, celle des acquêts et des meubles. (V. Lebrun.)

Cependant, à l'imitation de ce qui se pratiquait dans les pays de droit écrit, quelques coutumes avaient introduit une légitime d'un tiers des biens en faveur des ascendants. Ce tiers même, ainsi calculé sur la totalité des biens du défunt, n'avait pas été admis dans tous les cas par la jurisprudence, et on l'avait restreint au tiers du tiers, lorsque le défunt avait institué l'un de ses frères ou sœurs. Mais l'ordonnance de 1735 réforma cette jurisprudence, qui avait faussement interprété la loi romaine; et elle décida que la légitime des ascendants serait toujours du tiers des biens, même au cas où les ascendants concourraient avec des frères ou sœurs du défunt. (V. Catelan, Serres, Lebrun et Maleville.)

III. — Les rédacteurs du code civil reconnurent que, « sous le rapport de l'ordre social, les devoirs des enfants ne sont pas aussi étendus que ceux des pères et mères, parce que le sort des ascendants est plus indépendant de la portion de biens qui leur est assurée dans la fortune de leurs descendants, tandis que l'état des enfants dépend de la part qu'ils obtiennent dans les biens de leurs pères et mères. »

Mais ils jugèrent néanmoins que ces devoirs devaient trouver une sanction dans la loi, et ils adoptèrent le système d'une réserve en faveur des ascendants.

Justinien, comme nous l'avons vu, avait réglé la légitime des ascendants à un tiers de la succession du défunt. Le code civil a adopté dans son art. 915 une proportion différente : « Les libéralités par actes entre-vifs ou par testament ne pourront excéder la moitié des biens, si, à défaut d'enfants, le défunt laisse un ou plusieurs ascendants dans chacune des lignes paternelle ou maternelle, et les trois quarts s'il ne laisse d'ascendants que dans une ligne. »

IV. — Il semble au premier aperçu que l'art. 915 contient une disposition contraire au principe invoqué déjà par nous, et suivant lequel la réserve n'est que *portio portionis ab intestato.*

En effet, les enfants, lorsqu'ils viennent à la succession de leurs parents, ne sont jamais en concours avec d'autres héritiers; et dire qu'ils ne prendront entre eux tous que la moitié, les deux tiers ou les trois quarts des biens du défunt, c'est réduire leur part *ab intestat* de la moitié, d'un tiers ou d'un quart.

Au contraire, les ascendants, lorsqu'ils viennent à la succession de leurs enfants, peuvent se trouver seuls, ou en concours avec des collatéraux; et, dans chacun de ces cas, leur part successorale varie. Si donc on leur concède, sur les biens du défunt, une réserve de moitié ou du quart, indépendante des parts successorales qui pourraient leur échoir, cette réserve ne semble plus en rapport avec leurs droits dans la succession *ab intestat.*

C'est ainsi que deux dispositions légales, qui paraissent n'être que l'émanation directe d'un même principe, diffèrent totalement par le résultat. Mais conclura-t-on de cette contrariété d'effets, tirée de textes en apparence si semblables, que la réserve des ascendants repousse l'application de la règle générale, que toute réserve est une portion de la succession *ab intestat?*

Cette question s'était déjà élevée relativement à la légitime des ascendants en droit romain. Domat, dans son Traité des lois civiles (2ᵉ partie, liv. 3, tit. 3, sect. 2), l'a résolue par des raisonnements parfaitement applicables aux textes de notre code civil. Il commence par exposer que, parmi les commentateurs, les uns prétendent que le tiers réservé aux ascendants par le droit romain de Justinien doit s'entendre du tiers de leur portion héréditaire, suivant la maxime *legitima est portio portionis ab intestato;* tandis que d'autres veulent que cette réserve soit du tiers *de tous les biens du défunt,* et non du tiers de la part successorale des ascendants, comme le prescrivent l'art. 913 et le second paragraphe de l'art. 915 (1).

« On voit, dit-il ensuite, que ces difficultés sont une suite de la loi de Justinien, qui a appelé les frères germains ab intestat avec les ascendants. Car si ces frères ne concouraient pas avec les ascendants, non plus que les frères utérins, il n'y aurait jamais eu de doute sur la manière de régler cette légitime des ascendants. D'où il semble qu'on puisse conclure que, puisque toute la difficulté vient seulement de la nouveauté de cette loi, qui diminue la portion ab intestat des ascendants, quand il y a des frères, et qu'on n'a pas de preuve que par cette loi Justinien ait voulu diminuer la légitime des ascendants ni la rendre incertaine, suivant que les frères se-

(1) Balde et Bartholo étaient les principaux soutiens des deux systèmes contraires d'interprétation de la Novelle 118.

raient en plus grand ou en moindre nombre, ceux du second parti peuvent convenir, sans blesser leur cause, que la légitime doit être une portion de ce qu'on aurait ab intestat, en y ajoutant, ce qui est du bon sens et paraît très-juste, que cette règle doit s'entendre de la portion qu'aurait celui qui demande une légitime, s'il succédait seul ab intestat ou qu'il n'y eût avec lui des personnes à qui il serait aussi dû une légitime. Car, en ce sens, il sera toujours vrai, selon l'ancien droit, que la légitime sera une portion de ce que l'on aurait eu ab intestat, comme on peut le voir dans la légitime des enfants réglée par Justinien; puisqu'il est certain que le tiers ou la moitié des biens qu'il donne aux enfants fait le tiers ou la moitié de la succession, qu'ils auraient entière, s'il n'y avait aucune disposition qui leur en fît un retranchement. »

Ce fut dans le même sens que d'Aguesseau rédigea l'art. 61 de l'ordonnance de 1735; et c'est aussi en suivant les mêmes principes que les rédacteurs du code civil formulèrent le 1er § de l'art. 915. Ainsi, les discussions qui s'étaient élevées sur l'interprétation d'un texte douteux de la Novelle 118 ne peuvent plus être renouvelées en présence du texte formel de l'art. 915; et l'opinion de Levasseur (Portion disponible, ch. V, art. II, § 2), qui tentait de jeter des doutes sur la signification précise des termes de l'art. 915, repoussée par tous les auteurs, a été vainement reproduite par Delvincourt. Elle doit céder devant l'historique du droit de réserve des ascendants, et devant le rapprochement de l'art. 915 avec les art. 746, 748, 751 et 753.

Concluons donc que, pour calculer la réserve des ascendants, le législateur ne s'est pas préoccupé de leur concours avec des parents qui, n'ayant pas eux-mêmes de réserve, ne peuvent influer en rien sur la succession réservée de ces ascendants. Nous pourrons dire ainsi que la réserve des ascendants n'est réellement qu'une partie de leur succession *ab intestat.*

V. — Une autre conséquence de ce même principe, également applicable à la réserve des ascendants, c'est qu'ils n'ont de droits à cette réserve qu'autant qu'ils viennent à succession ; et l'on peut leur appliquer la règle générale : *non habet legitimam nisi qui heres est.*

Le code le dit formellement dans le 2e § de l'art. 915 :

« Les biens ainsi réservés au profit des ascendants seront par eux recueillis dans l'ordre où la loi les appelle à succéder... »

La première condition que l'ascendant doit remplir pour avoir droit à la réserve, c'est donc d'être successeur. Une fois cette condition remplie, la réserve dévolue à l'ascendant subit l'application des règles générales des successions déférées aux ascendants.

C'est ainsi que l'on n'admettra pas la représentation : le plus proche ascendant exclura, dans chaque ligne, le plus éloigné ; et les ascendants au même degré succéderont par tête. (Art. 734, 741, 746.) Il y aurait lieu pareillement d'appliquer, dans chaque ligne exclusivement, le principe de la dévolution d'un degré à l'autre, au cas où, par exemple, un aïeul renoncerait et où un bisaïeul existerait. L'accroissement aurait aussi son effet au cas où un aïeul renoncerait au profit d'une aïeule de la même ligne.

Quant à la séparation des deux lignes, c'est un principe constant qu'il ne peut y avoir ni dévolution ni accroissement de l'une à l'autre.

VI. — Les ascendants peuvent se trouver vis-à-vis des successions de leurs descendants dans cinq positions différentes, qui toutes produisent des résultats divers pour leur part successorale, et, par suite, pour leur réserve : 1° Les ascendants, père et mère, viennent à la succession de leurs enfants sans concourir avec des frères ou des sœurs, ou des descendants de frères et sœurs.

Dans ce cas, le plus simple de tous, il ne se présente aucune difficulté : la réserve est fixée à la moitié des biens de l'enfant prédécédé. S'il n'y eût point eu de dispositions entre-vifs ou testamentaires, la succession des ascendants père et mère eût été de la totalité des biens. Ici donc leur droit de réserve est de la moitié de leur part *ab intestat*.

2° Les ascendants, père et mère, viennent à la succession d'un enfant en concours avec des frères et sœurs de cet enfant, ou avec des descendants de ces frères et sœurs.

Dans ce cas, la portion réservée est de moitié des biens, si le père et la mère existent tous deux; elle est du quart, si l'un d'eux seulement existe, ou vient seul à succession par la renonciation de l'autre. Cette part réservée est exactement la même que la part *ab intestat* qui compéterait dans le même cas à ces ascendants, suivant les art. 748 et 749. Nous avons expliqué ci-dessus les motifs qui produisent ce résultat.

3° Les ascendants, autres que le père et la mère, viennent à la succession du descendant qui n'a ni frères ni sœurs, ni descendants de ceux-ci (1).

Dans ce cas, s'il y a des ascendants dans les deux lignes, ils prendront ensemble la moitié des biens, et se diviseront cette moitié par parties égales pour chaque ligne. L'ascendant le plus proche dans chaque ligne succèdera seul à cette part. S'il y a dans la même ligne deux ascendants de degrés égaux, tels qu'un aïeul et une aïeule, paternels ou maternels, ces parents se diviseront également la part dévolue à leur ligne. S'il n'existe d'ascendants que dans une ligne, la réserve est fixée à un quart des biens, et les principes de répartition sont les mêmes.

(1) L'existence de collatéraux *autres que les frères et sœurs et leurs descendants* ne pourrait modifier en rien cette hypothèse : d'après l'art. 750, c'est seulement aux frères et sœurs et descendants d'eux que la loi accorde le pouvoir d'exclure les ascendants autres que le père et la mère.

L'on voit que, de cette façon, il est impossible que la réserve des ascendants soit divisée en plus de quatre parts, et qu'il revient toujours au moins à chaque ascendant le huitième des biens du défunt.

4° La réserve des ascendants subit une diminution notable dans le cas prévu par l'art. 1094, dont nous aurons bientôt à nous occuper, quand nous traiterons de la quotité disponible entre époux.

Suivant cet article, l'époux qui n'a que des ascendants peut léguer à son conjoint survivant, outre la quotité disponible ordinaire, l'usufruit de la totalité des biens réservés.

C'est là une singulière disposition; et nous ne pouvons concevoir pour quel motif le législateur enlève à des ascendants, âgés et pressés de jouir, un usufruit qu'il donne à un époux comparativement plus jeune. Nous eussions plutôt compris que l'on réservât aux ascendants cet usufruit, et que l'on donnât seulement la nue-propriété à l'époux survivant, quoiqu'une telle mesure transportât les biens d'une famille à une autre. Au moins, de cette façon, n'aurait-on pas ôté d'une main aux ascendants ce qu'on leur donne de l'autre !

5° Enfin, des ascendants autres que les père et mère peuvent exister, alors que le défunt a laissé des frères, sœurs ou descendants d'eux.

Dans cette dernière hypothèse, d'après les principes des successions *ab intestat*, les frères, sœurs, ou descendants d'eux, excluent de la succession tous les ascendants autres que le père ou la mère, suivant l'art. 750 : « En cas de prédécès des père et mère d'une personne morte sans postérité, ses frères, sœurs, ou leurs descendants, sont appelés à la succession, à l'exclusion des ascendants ou autres collatéraux. »

Nous pouvons dire, par suite, que dans ce dernier cas il n'y a pas plus de réserve que de succession *ab intestat : Nullus habet legitimam nisi qui heres est.*

D'ailleurs, l'art. 915 porte que les biens réservés aux ascendants *seront par eux recueillis dans l'ordre où la loi les appelle à succéder :* or, ici, la loi ne les appelle nullement à succéder. Mais il peut arriver que les frères et sœurs renoncent; et alors, suivant nous, les ascendants étant, sans contredit, appelés à succéder, doivent avoir droit à une réserve. Par la raison contraire à celle que l'on invoque pour les priver de réserve quand ils ne sont pas héritiers, on doit leur accorder cette réserve quand ils viennent à succession.

Sans doute, comme on l'a objecté, ces renonciations des frères et sœurs seront souvent le résultat d'un concert entre eux et les ascendants, concert qui pourra être préjudiciable à des légataires ou donataires étrangers; mais ces considérations, qui auraient pu motiver une disposition législative, doivent, en l'absence de tout texte contraire, céder devant les principes généraux en matière de renonciation. Nous nous rangeons donc à cette doctrine, présentée par MM. Duranton et Coin-Delisle, et adoptée par la cour de Cassation le 11 mai 1840, après jugement du tribunal de la Seine et arrêt conforme de la cour de Paris. Nous croyons qu'elle se justifie parfaitement par la stricte et rigoureuse application du principe des renonciations. En effet, l'héritier renonçant étant censé n'avoir jamais été héritier, les frères et sœurs qui renoncent sont aux yeux du législateur comme s'ils n'eussent existé à aucun moment, en tant que successeurs. Les seuls héritiers du défunt sont alors des ascendants, et ceux-ci ont droit à une réserve.

VII. — On a prétendu que les expressions du paragraphe final de l'art. 915 ne se rapportaient qu'au mode suivant lequel les ascendants devaient partager la réserve entre eux; et que les termes du § 1er, portant l'établissement général d'une réserve au profit des ascendants, ne permettaient pas d'interpréter le § 2e dans le sens d'une exclusion des ascendants en un cas quelconque.

Sans doute le 2e § de l'art. 915 pourrait être rédigé plus clairement; et Maleville, dans son ouvrage, l'annote de ces mots : *Article à réviser.* Mais, d'après Maleville lui-même, auquel cet article a semblé obscur, les explications de Bigot-Préameneu devant le conseil d'état et l'adoption antérieure des principes de l'art. 750 s'opposent à toute fausse interprétation.

VIII. — On avait encore soulevé contre la rédaction de l'art 915 une objection très-superficielle. On demandait si par les mots *ascendants* on pouvait entendre ceux d'un degré autre que le père et la mère. Maleville et plusieurs autres auteurs ont répondu à cette objection; mais la réponse de Maléville est surtout très-catégorique, et évidente au point d'être naïve. « L'article 915, dit cet auteur, suppose le cas où il se trouve plus d'un ascendant dans chaque ligne : or on ne peut avoir plus d'un père ou plus d'une mère. »

IX. — Un reproche plus grave peut atteindre l'application faite, dans l'art. 915, du principe qui, dans certains cas, exclut les ascendants d'une part réservée dans la succession de leurs descendants; mais ce reproche remonte à l'art. 750.

On se demande pourquoi les aïeuls sont exclus de la succession par les frères et sœurs du défunt; et pourquoi cette exclusion n'atteint pas le père et la mère? Pour conserver une unité de doctrine dans cette matière, n'était-il pas plus simple de permettre aux aïeuls de concourir avec les collatéraux frères et sœurs, mais seulement dans une proportion inférieure à celle qui a été établie pour les pères et mères? Car, si les liens de l'affection doivent être présumés s'affaiblir en même temps que ceux du sang, du moins ne faut-il pas les trancher au lieu de les relâcher.

Toullier essaie de pallier ce vice de la loi, en alléguant que l'existence même de ces collatéraux, qui seront des petits-fils ou arrière-petits-fils de l'aïeul, donne à celui-ci le droit de leur réclamer des aliments, et rend inutile la déférence d'une part successorale aux aïeuls, ou la constitution d'une réserve à leur profit. Mais ces raisons existent également ment pour le cas où le père et la mère concourent avec des collatéraux qui sont leurs propres enfants ; et elles n'ont pas empêché l'adoption d'une part successorale et d'une réserve au profit des père et mère.

Du reste, quel que soit le reproche que l'on puisse adresser au législateur, son intention a été bien formellement exprimée ; et le rapprochement des art. 750 et 915 ne doit laisser aucun doute aux commentateurs.

X. — La réserve des ascendants ayant été fixée par le législateur en dehors de toute prévision d'un concours entre les ascendants et les collatéraux, il en résulte que, chaque fois qu'un partage avec des collatéraux ne donne pas aux ascendants la part qui leur est réservée, ils peuvent prélever leur réserve entière sur la *masse à partager*, sans s'inquiéter du sort des collatéraux à qui ils sont préférés. C'est ce qu'exprime la dernière partie de l'art. 915 : « Ils auront seuls droit à cette réserve, dans tous les cas où un partage en concurrence avec les collatéraux ne leur donnerait pas la quotité de biens à laquelle elle est fixée ».

Il peut résulter de ce texte que les collatéraux soient entièrement privés de la succession à laquelle ils sont appelés. Par exemple, un fils laisse 20,000 fr. de fortune, et il a disposé par testament de la moitié de cette somme. Son père et sa mère viennent à sa succession en concours avec ses frères et sœurs. Il y a 10,000 fr. à partager, soit 5,000 pour les parents, 5,000 pour les collatéraux. Mais la réserve des parents est de moitié des biens (10,000 fr.). Ils prendront donc cette moitié, qui compose tout l'actif de la succession ; et les frères et sœurs seront réduits à *zéro :* car ils n'ont pas de réserve qui leur permette d'attaquer les dispositions testamentaires ; et ils ne peuvent forcer les ascendants à discuter les donations ou les legs. Les ascendants leur répondraient qu'ils

trouvent dans les biens liquides la quotité qui leur est attribuée par la loi, et que ce n'est qu'à défaut de biens suffisants
qu'il leur est permis d'attaquer les dispositions à titre gratuit.

Il en est de même quand les aïeuls succèdent concurremment avec les collatéraux autres que les frères et sœurs et
leurs descendants : c'est-à-dire que les ascendants prennent
leur réserve sur les biens libres, et les épuisent avant de
pouvoir faire réduire les dispositions entre-vifs ou testamentaires ; le tout, comme dit Malleville, « en pure perte des
collatéraux, qui n'ont pas eux-mêmes de légitime ».

Ce mode de prendre la légitime sur les biens libres avant
de procéder par voie de réduction est non seulement le
plus naturel, mais aussi le plus anciennement usité ; et
c'est en outre celui que l'on voit indiqué dans un exemple
posé par Bigot-Préameneu devant le conseil d'état :

« On suppose, dit-il, qu'un enfant laisse pour héritiers
des ascendants dans chacune des deux lignes paternelle et maternelle, et des frères et sœurs ; et que ses biens s'élèvent à
100,000 fr., sur lesquels il aurait donné 60,000 fr. par actes
entre-vifs ou testamentaires. Si le défunt n'avait pas disposé de
ces 60,000 fr., il serait revenu aux ascendants moitié des
100,000 fr. ; d'un autre côté, il n'a pu, à leur égard, disposer que de la moitié de ce qui leur fût revenu, et consé-
quemment ils devraient prendre 25,000 fr. Cependant, si
ces 40,000 fr. dont le défunt n'a pas disposé étaient parta-
gés par moitié entre les ascendants d'une part et les frères
et sœurs de l'autre, les ascendants n'auraient que 20,000 fr.
Le tribunat observe que, dans ce cas, les ascendants doivent
prendre sur les biens non donnés 25,000 fr., et que les frères et sœurs n'auront droit qu'aux 15,000 fr. restants. *Cette
observation est juste, et présente une explication utile pour
l'exécution de la règle établie en faveur des ascendants* (1) ».

____

(1) Nous devons faire observer à notre tour que le principe posé

XI. — Dans notre législation, les collatéraux n'ont aucun droit à une réserve légale; et l'on peut dire qu'il en était de même dans le droit romain. Car la *Querela testamenti inofficiosi*, accordée par la loi romaine aux frères et sœurs dans le seul cas où le défunt avait légué son hérédité *turpibus personis*, ne peut être rigoureusement considérée comme constituant une légitime en leur faveur. Le conseil d'état avait d'abord établi une réserve pour les frères et sœurs, comme un moyen de resserrer les liens de la famille. Mais, sur les observations fort justes du tribunat, on considéra que les frères et sœurs, dans nos habitudes modernes, quittent le plus souvent le foyer paternel pour former une autre famille, et que les droits de propriété devaient l'emporter, dans cet état de choses, sur des devoirs de famille ainsi relâchés par la dispersion des enfants. On peut dès lors s'étonner de voir que quelques esprits aient tenté de parvenir indirectement à un résultat que le code repousse. Suivant leur

[illegible]

par Bigot-Préameneu est vrai; mais que ses chiffres sont faux. En effet, en examinant l'exemple proposé; on voit que, si le défunt a laissé des frères et sœurs, les ascendants *qui succèdent dans les deux lignes* ne peuvent être que *le père et la mère* (car tous autres ascendants seraient exclus par les frères et sœurs). Or la réserve en faveur des père et mère n'est pas de la moitié de leur part successorale (28,000, moitié de 50,000, dans le cas posé) : elle est égale à cette part successorale entière, d'après les termes mêmes de l'art. 918; c'est-à-dire qu'elle est *de 50,000 fr., et non de* 28,000, comme Bigot-Préameneu l'établit. Il est étonnant que cette erreur ait passé inaperçue au conseil d'état. Elle a été relevée avec soin par Grenier, dans son Traité des donations, 4e partie, chap. 2, sect. 2, n° 877. Elle était en effet contraire à tout ce qui avait été dit par les différents orateurs, et par Bigot-Préameneu lui-même dans le cours des discussions; et Levasseur ainsi que Delvincourt se sont mal à propos fondés sur cette erreur pour étayer le système que nous avons combattu ci-dessus, n° IV.

étrange doctrine, *quand les ascendants réservataires renoncent à la succession, leur droit de réserve serait dévolu aux collatéraux* (arrêt de la cour de Caen, 16 février 1826, approuvé et commenté par A. Dalloz). Pour combattre cette fausse application de la loi successorale, il nous suffit de renvoyer aux principes généraux posés dans notre premier chapitre.

XII. — L'interprétation textuelle de l'art. 915 produit une dérogation formelle aux dispositions des art. 753 et 754. Suivant ces articles, quand le père ou la mère est en concours avec des collatéraux (autres que les frères et sœurs et leurs descendants), non seulement il a droit à la moitié des biens du défunt, mais il jouit en outre de l'usufruit du tiers de l'autre moitié accordée aux collatéraux. En présence du texte formel de l'art. 915, il n'est pas permis de penser que la *réserve* du père ou de la mère puisse, en pareil cas, être imputée sur la totalité ou sur une partie quelconque de cet usufruit.

XIII — Enfin, la succession *particulière* des ascendants aux objets par eux donnés à leurs enfants, connue sous le nom de *retour légal*, est encore une matière totalement étrangère aux règles de la réserve des ascendants. C'est en vain que Toullier, Duranton et Chabot ont confondu le retour légal avec la succession ordinaire, et ont voulu lui faire produire les mêmes effets. Les motifs mêmes qui ont fait introduire dans le code la succession de l'ascendant donateur indiquent à suffire que, lorsque cet ascendant se trouve en même temps donateur et successeur, il s'ouvre pour lui deux successions toutes différentes, *dont il peut refuser l'une et accepter l'autre.* On ne peut faire peser sur toutes deux l'obligation d'une réserve, qu'autant que l'on prouverait, ce qui est impossible, qu'elles se gouvernent par les mêmes règles, et qu'elles ne peuvent être séparées l'une de l'autre.

Grenier, Favard, Delaporte, MM. Vazeille et Marcadé ont combattu l'erreur des auteurs que nous avons cités plus haut.

La jurisprudence n'a pas été encore une seule fois appelée à se prononcer sur cette question, si simple, quoiqu'elle ait soulevé tant de débats. Pour nous, il est évident : 1° que l'aïeul donateur ne doit point subir de réduction sur les objets recueillis par lui, pour fournir une réserve aux père et mère ; 2° que l'ascendant donateur et héritier à réserve ne doit point imputer sa réserve sur les biens par lui donnés.

XIV. — Il nous reste à parler des droits qui pourraient appartenir, soit aux ascendants adoptifs, soit aux ascendants naturels.

Occupons-nous d'abord du parent adoptif. Les règles spéciales de son droit de succession aux biens de l'adopté ne permettent pas de regarder ce parent comme un véritable successeur, dans toute l'étendue du terme. En effet, l'adopté n'a aucun droit sur la succession des parents de l'adoptant, et ceux-ci, par la même raison, n'ont aucun droit sur celle de l'adopté.

C'est déjà là une singulière dérogation aux principes ordinaires en matière de succession. De plus, suivant l'art. 350, les droits de l'adoptant ou de ses enfants sont restreints aux biens par lui donnés ou légués, et qui se retrouvent en nature lors du décès de l'adopté ; ce qui constitue au profit de l'adoptant ou de ses descendants une espèce de *retour légal*, et rien de plus.

Dans cet état de choses, il ne peut exister pour l'adoptant aucune réserve légale sur la succession de l'adopté.

XV. — Quant au droit de réserve en faveur des parents naturels, tout d'abord ce droit ne pourrait jamais appartenir qu'au père et à la mère de l'enfant naturel ; car la parenté de celui-ci ne peut remonter au-delà (art. 756). C'est là un point incontestable. Mais cette réserve même du père ou de la mère peut-elle être admise ?

La doctrine et la jurisprudence étaient également divisées sur cette question, lorsque la cour de Cassation, appelée pour

la première fois à se prononcer, le 3 mars 1846, a donné
une solution favorable aux prétentions des ascendants (1).

Mais nous ne croyons pas que les raisons alléguées dans
cet arrêt puissent l'emporter sur les hautes considérations
morales qui répugnent à une telle conséquence, et sur la
saine interprétation des textes.

On a avancé très-spécieusement que l'admission d'une réserve *au profit de l'enfant naturel* devait en entraîner une *au
profit des parents naturels;* et qu'il n'appartenait de dénier ce
dernier droit qu'aux auteurs dont le système était exclusif de
toute réserve en faveur des successeurs irréguliers.

De là un reproche d'inconséquence, qui serait parfaitement fondé si l'on prouvait qu'il doit y avoir *nécessairement*
réciprocité entre les droits de réserve des enfants et des parents naturels. Mais cette preuve serait fort difficile à faire.

Les enfants naturels, bien qu'innocents de la faute à laquelle
ils doivent l'existence, sont, il est vrai, l'objet de mesures
sévères de la part du législateur. Mais ces rigueurs sont-elles
destinées à punir l'enfant lui-même, plutôt que ses parents;
et ne sont-elles pas des mesures prises surtout contre ces
derniers, pour les détourner du concubinage et les porter au
mariage? Oui, sans doute. La position de l'enfant naturel est
donc intéressante par elle-même, puisque c'est en vue de la
faute de ses parents que ses droits sont sacrifiés, dans une
certaine limite, par le législateur; et l'on a pu, en liant les
textes des art. 757 et 913, voir dans le rapprochement de
ces textes l'intention implicitement exprimée par le code
d'accorder une réserve aux enfants naturels.

(1) Les cours de Nîmes (11 juillet 1827) et de Douay (5 décembre 1840) refusaient toute réserve aux parents naturels; tandis
que les cours de Bordeaux (24 avril 1834, et 20 mars 1837) et de
Paris (14 mars 1845) admettaient cette réserve. C'est sur un pour-
voi contre l'arrêt de Paris qu'est intervenue la décision de la cour de
Cassation du 3 mars 1846.

Mais, d'un autre côté, en rapprochant l'art. 765, qui crée le droit successif des parents naturels, de l'art. 915, qui crée le droit de réserve des ascendants légitimes, l'on ne peut voir les liaisons que nous avons signalées entre les art. 757 et 913. (Voir chap. II, nᵒˢ XI et suivants.)

L'article 765 dit que la succession de l'enfant naturel décédé sans postérité est dévolue au père ou à la mère qui l'a reconnu ; ou par moitié à tous les deux, s'il a été reconnu par tous les deux.

Si, à une succession déterminée de cette manière, on applique l'article 915, on arrive à ce résultat, que les pères et mères naturels seront aussi favorablement traités que les pères et mères légitimes : résultat qui n'a pu jamais être dans l'intention du législateur. En effet, dans les discussions du conseil d'état, le principe même de successibilité des parents naturels ne fut adopté qu'après de vives discussions.

Le consul Cambacérès disait que, pour admettre une pareille succession, il faudrait supposer, entre l'enfant naturel et ceux qu'on appelle à sa succession, *une réciprocité qui est impossible.*

Régnaud disait que l'enfant naturel ne doit avoir pour héritiers que ses descendants ; *qu'à l'égard des autres personnes avec lesquelles la nature lui a donné des rapports, il pourra les avantager, en usant de la faculté qui lui appartient de disposer indéfiniment de ses biens, lorsqu'il n'a pas d'enfants.*

Defermon disait qu'il est impossible d'admettre qu'un père puisse donner à ses enfants naturels le droit de faire partie de sa famille.

Treilhard enfin défendait le projet de l'art. 765, en faisant observer que ses dispositions n'ont pour but *que de préférer les pères et mères naturels au fisc.*

On ne peut donc, en présence de ces paroles, penser que les rédacteurs aient voulu implicitement constituer une réserve en faveur des parents naturels, ni qu'ils aient voulu arriver à ce résultat, qu'un père naturel aurait les mêmes droits sur la succession de son fils naturel que s'il en eût été le père légitime. Scandaleuse et immorale conséquence! le père serait traité plus favorablement que l'enfant lui-même.

Enfin, on argumente vainement de ce que l'art. 915 n'a pas seulement trait aux ascendants *légitimes*, mais aux ascendants *en général*. On répond facilement à cette objection, que l'art. 915 a prévu le cas où il y a plusieurs ascendants dans chaque ligne; disposition complètement inapplicable à l'enfant naturel, qui n'a jamais qu'un ascendant par ligne, son père et sa mère.

En résumé, la réserve des ascendants ne présente presque aucune difficulté nouvelle; et nous avons marché rapidement dans tout ce chapitre, à l'aide des principes établis dès le début de cette thèse.

CHAPITRE IV.

MODIFICATIONS AUX PRINCIPES GÉNÉRAUX.

SOMMAIRE.

I. — *Dispositions d'usufruit excédant la quotité disponible (art. 917).*

II. — *Minorité du donateur ou du légataire (art. 903, 904).*

III. — *Vente faite à un successible en ligne directe, soit à fonds perdu, soit sous réserve d'usufruit ou de rente viagère (art. 918). Position spéciale des époux (art. 1094 et 1098). Renvoi à la seconde partie.*

I. Nous avons étudié jusqu'ici les règles générales de la disponibilité ou de la non-disponibilité des biens, en faisant abstraction de diverses circonstances modificatives des limites que nous avons établies.

Ces circonstances tiennent les unes à la nature spéciale de la disposition qui porte atteinte au disponible, les autres à la capacité de la personne qui a disposé de ses biens; d'autres enfin tiennent à l'état de mariage et de famille, soit du disposant, soit du gratifié.

Occupons-nous d'abord de celles qui ont trait à la nature même des libéralités.

Nulle part dans le code on ne trouve d'évaluation légale et proportionnelle de l'usufruit mis en balance avec la pleine propriété. Et, en effet, il était bien difficile de poser des règles pour une appréciation si variable : l'usufruit sur la tête d'un jeune homme et l'usufruit sur la tête d'un vieillard ne peuvent s'évaluer à une quotité équivalente de la pleine propriété.

En l'absence de toute base comparative, on ne pouvait empêcher les libéralités de se produire sous la forme de donations ou legs d'une portion quelconque d'usufruit; et il fallait cependant qu'un individu ne pût tourner l'obstacle des art. 913 et 915, en disposant de l'usufruit de sa fortune entière.

Le premier projet du code civil, pour trancher la difficulté, voulait contenir les donations d'usufruit dans les mêmes limites que celles de pleine propriété. Ainsi, tel qui n'aurait pu disposer à titre gratuit que du quart de ses biens, n'aurait pu également disposer que d'un quart en usufruit.

Ce projet érigeait en loi la jurisprudence ancienne la plus générale. En effet, lorsque le donateur ou le testateur avait disposé gratuitement de l'usufruit d'une partie de sa fortune supérieure à la quotité disponible, Ricard nous apprend que les juges, ne pouvant suppléer sa volonté, ni changer un don d'usufruit en un don de pleine propriété, avaient coutume de réduire la disposition à l'usufruit de la quotité disponible.

Mais, lorsque le projet du code civil fut discuté au sein du conseil d'état, on attaqua la trop grande sévérité de cette décision, et l'on adopta la rédaction de l'art. 917, qui porte que, en cas de disposition d'un usufruit ou de constitution d'une rente viagère dont la valeur excède la quotité disponible, les héritiers réservataires ont le droit d'option entre l'exécution de la volonté de leur auteur et l'abandon de la portion disponible *en pleine propriété.*

Mais que faut-il entendre par ces expressions : *si la disposition... est d'un usufruit... dont la valeur excède la quotité disponible?* Le législateur, qui veut éviter toute comparaison difficile et délicate entre l'usufruit et la pleine propriété, aurait-il cru cependant devoir mettre cette appréciation entre les mains de l'héritier, c'est-à-dire le faire juge dans sa propre cause? Maleville, MM. Demante, Coin-Delisle et Marcadé pensent que l'article est rédigé d'une manière trop vague, mais qu'il est néanmoins évident que les rédacteurs du code n'ont jamais voulu faire autre chose que de comparer *l'usufruit légué ou donné* avec *l'usufruit de la quotité disponible.* De cette façon, disent-ils, il n'y a plus d'évaluation d'usufruit et de pleine propriété attribuée au caprice du réservataire; et le législateur a bien véritablement tourné la difficulté qui s'élevait sous l'ancienne jurisprudence.

En effet, Maleville a développé dans cet exemple le sens qu'il attache à l'art. 917 :

« On suppose qu'un père charge ses enfants d'une pension viagère en faveur d'un étranger, ou donne à cet étranger l'usufruit d'un bien, et que cet usufruit, ou cette pension, comparé *avec le revenu de l'hérédité,* ne laisse pas aux légitimaires la jouissance libre de leur légitime... La loi leur laisse en conséquence le choix ou de laisser jouir l'usufruitier, et de payer la pension, ou bien de se dégager de l'un et de l'autre en renonçant à la propriété de ce qui excède leur légitime. »

Il résulterait de cet exemple, et de l'interprétation que lui donnent les auteurs dont nous avons parlé, que, si le legs en usufruit n'excède pas le *revenu* de la quotité disponible, l'usufruitier peut refuser de recevoir, à la place de son legs, l'abandon de toute la quotité disponible en pleine propriété; ce qui mène à ce résultat, que l'héritier et le légataire se disputeront sur la valeur du legs, procéderont en justice, et demanderont aux tribunaux des évaluations d'usufruit et de propriété. Et ainsi l'art. 917 destiné, au moyen de l'option laissée à l'héritier, à éviter des débats très-irritants et très-délicats, aura complètement manqué son effet. On peut même dire que l'exemple donné par Maleville se tourne contre l'opinion de cet auteur. En effet, comment peut-on supposer possible à d'autres qu'à l'héritier, maître de ses intérêts et de ses affections, l'évaluation d'une *pension viagère*, chose essentiellement aléatoire? De plus, quel danger y a-t-il donc ici à laisser l'héritier juge dans sa propre cause? Il n'est guère admissible qu'il se trouve un réservataire assez peu sensé pour abandonner le disponible en pleine propriété, afin de se soustraire à l'exécution d'une disposition qui donne ou lègue un usufruit d'une quotité inférieure, ou tou' 'u plus égale.

La doctrine de MM. Coin-Delisle, Marcadé et Demante n'est donc pas recevable, puisqu'elle fait renaître toutes les difficultés que la loi veut éviter en donnant au réservataire l'option indiquée par l'art. 917.

On doit remarquer, en outre, sur cette interprétation des termes de l'art. 917, *dont la valeur excède la quotité disponible*, que ces mots se sont glissés dans le texte de notre article par un erreur de copiste. *Ils n'existaient pas dans le texte soumis à la discussion.*

Ce texte laissait une option toujours complète à l'héritier, sans introduire la distinction de savoir si la libéralité en usufruit excédait, ou non, la quotité disponible. Tronchet, lors de la discussion, établit d'une manière formelle le droit toujours accordé à l'héritier de choisir entre l'exécution de la volonté du défunt et l'abandon du disponible en pleine propriété; et il ne se présenta après cette discussion aucune difficulté qui pût motiver le changement introduit accidentellement dans notre texte. (V. Levasseur, Portion disponible, p. 84.) D'ailleurs, quelle que soit l'origine d'une telle modification, elle ne peut avoir le but que lui assignent les auteurs précités.

Il pourra même arriver, s'il y a plusieurs réservataires, que les uns optent pour le service de la rente viagère ou de l'usufruit, tandis que les autres préféreront abandonner leur part du disponible. En face des principes généraux sur la divisibilité des droits et actions du défunt entre ses héritiers, il est impossible de contester ce résultat bizarre, mais évident, de l'art. 917.

II. — Nous devons examiner maintenant les modifications apportées aux art. 913 et 915 par la capacité plus ou moins restreinte du disposant : c'est-à-dire que nous avons à exposer la combinaison du statut personnel de l'art. 904 avec le statut réel des art. 913 et 915.

D'abord, aucun droit de libre disposition gratuite n'est ouvert pour le mineur de seize ans, si ce n'est dans le cas d'un contrat de mariage, où, moyennant l'accomplissement de certaines formalités, il acquiert les droits d'un majeur. Mais ce cas unique, et de bien rare réalisation, est étranger au sujet qui nous occupe.

Le mineur âgé de plus de seize ans peut disposer, mais seulement par testament, de la moitié des biens dont il aurait la libre disposition s'il était majeur.

Il s'ensuit que les quotités disponibles des art. 913 et 915, et même les quotités spéciales des art. 1094 et 1098, que nous étudierons bientôt, sont réduites de moitié quand le disposant a fait un testament alors qu'il était majeur de seize ans et mineur de vingt-et-un. Mais, si ce testateur était décédé majeur, comme la date légale du testament (par rapport aux droits qu'il confère sur une succession) est celle de la mort de son auteur; comme on suppose que le testament aurait pu être renouvelé jusqu'au moment du décès, et que le testateur, en ne le renouvelant pas, a persisté dans l'intention de donner tout le disponible dans un temps où il jouissait de ses droits de majorité; — par toutes ces considérations, nous pensons que le testament doit être réputé fait par un majeur. Telle n'est pas cependant l'opinion de plusieurs auteurs, et entre autres de M. Marcadé, suivant lequel la capacité se réglerait ici, non par l'époque du décès, mais par l'époque de la confection du testament.

La femme mineure qui meurt laissant trois enfants, et qui lègue par testament tout le disponible de sa succession, au lieu de léguer un quart de ses biens, aux termes de l'art. 913, ne peut disposer que de la moitié de ce quart, ou d'un huitième. Par conséquent la réserve, s'accroissant à mesure que le disponible diminue, au lieu d'être des trois quarts des biens, serait des sept huitièmes.

Et si cette femme avait légué à son mari le disponible spécial de l'art. 1094, à savoir, *le quart en propriété et le quart en usufruit, ou la moitié en usufruit*, ce legs devrait être encore réduit de moitié ; c'est-à-dire que le mari n'aurait droit qu'à *un huitième* en propriété et à *un huitième* en usufruit, ou à *un quart* en usufruit.

Enfin, nous avons parlé de circonstances où la position de famille du gratifiant et du gratifié donnait lieu à une autre exception aux principes ordinaires en matière de quotité disponible. Les art. 918, 1094 et 1098 du code civil précisent et règlent ces différents cas. Nous réservons pour la seconde partie de notre thèse l'étude des art. 1094 et 1098, qui posent la base d'une quotité disponible spéciale entre les époux; et nous terminons cette première partie par l'examen de l'art 918.

III. — Lorsque le disposant a aliéné des biens, au profit d'un de ses successibles en ligne directe, à charge de rente viagère, ou à fonds perdu, ou avec réserve d'usufruit, les héritiers réservataires se trouvent à l'égard de ces aliénations dans l'une ou l'autre de ces deux positions, également exceptionnelles, et dans lesquelles ils ne peuvent invoquer le bénéfice de l'art. 917 :

Ou les réservataires, ascendants ou descendants, ont consenti à cette aliénation, et alors les biens sont irrévocablement perdus pour eux ;

Ou bien, au contraire, ils n'ont pas consenti à cette aliénation, et alors la valeur de la pleine propriété des biens aliénés est imputée sur la portion disponible, et l'excédant de cette valeur sur le disponible est rapportable à la masse de la succession.

De nombreuses discussions se sont élevées sur l'interprétation de ces deux dispositions. Ce n'est pas ici le lieu d'en traiter; nous devons seulement expliquer le sens et la portée de l'article 918.

Reproduction de l'art. 26 de la loi du 17 nivôse an II, notre article a été fait en haine des pactes de famille qui déguisent, sous la forme de ventes, des avantages conférés à certains héritiers.

La loi frappe ainsi d'une présomption de fraude, présomption *juris et de jure*, les ventes à charge de rente viagère, ou à fonds perdu, ou avec réserve d'usufruit au profit du vendeur : ces ventes sont présumées donations déguisées. Mais, comme il fallait user avec discrétion de ce pouvoir de scruter et de juger par présomption les intentions des parties, la loi n'a embrassé que les cas où la fraude se présumait le plus facilement, en raison de la parenté intime des contractants : *Fraus inter proximos facile præsumitur.* On a donc laissé de côté tous les contrats passés entre collatéraux ; et même, en ligne directe, on n'a frappé que les contrats faits avec des *successibles*, c'est-à-dire avec des *héritiers présomptifs au jour de l'acte* : car les termes de cette loi exceptionnelle doivent être renfermés dans leur sens le plus restreint.

Il existe, du reste, un moyen facile pour les contractants d'assurer la pleine exécution des actes d'aliénation, en appelant les autres successibles à y donner leur consentement. Toutefois, s'ils n'ont pas usé de cette précaution, la pleine propriété des biens aliénés n'est pas rapportée à la masse, même fictivement.

En effet, par les précautions mêmes avec lesquelles le prétendu vendeur a déguisé sa libéralité, on reconnaît un donateur qui a voulu dispenser son donataire de tout rapport; et alors, si la pleine propriété des biens ainsi donnés excède le disponible, l'excédant rentre dans la masse, pour être divisé entre tous les cohéritiers, c'est-à-dire que cette donation déguisée est réductible dans les limites de la réserve.

Telle est l'économie de l'article exceptionnel qui, avec les dispositions relatives à la mesure légale des libéralités permises entre époux, complète la série des modifications apportées à l'établissement de la quotité disponible et de la réserve ordinaires.

DEUXIÈME PARTIE.

QUOTITÉ DISPONIBLE ENTRE ÉPOUX.

CHAPITRE PREMIER.

ÉTUDE GÉNÉRALE ET HISTORIQUE DES ART. 1094 ET 1098.

SOMMAIRE.

I. — *Intérêts contraires à concilier dans l'établissement d'une quotité disponible entre époux.*

II. — *Absence regrettable dans le code civil d'une disposition légale en faveur de l'époux survivant.*

III. — *Difficultés nombreuses que présente l'art. 1094. Solutions contraires données par les auteurs, les cours d'appel et la cour de Cassation.*

IV. — *Exposé de quatre hypothèses dans lesquelles peut se trouver l'époux qui veut gratifier son conjoint. Règles à suivre dans les deux premières hypothèses : 1° si l'époux qui gratifie son conjoint n'a ni enfants ni ascendants; 2° s'il a des ascendants.*

V. — *Examen de la troisième hypothèse : si l'époux donateur a des enfants issus du mariage commun. Caractère exclusif et limitatif de l'art. 1094. Réfutation des nouvelles doctrines émises par MM. Bénech, Zachariæ, Duranton, etc. Motifs du législateur pour fixer un disponible invariable entre les époux qui ont des enfants du mariage commun. Singulière alternative de l'art 1094, et origine de cette disposition. Inapplicabilité de l'art. 917 à la quotité disponible entre époux.*

VI. — *Examen de la quatrième hypothèse : si l'époux donateur a des enfants issus d'un précédent mariage. Édit des secondes noces. Questions de détail.*

I. — Le lien du mariage, en créant des rapports intimes entre les époux, en cimentant entre l'homme et la femme une union tellement étroite que, suivant l'expression de l'Apôtre, *duo sunt in una carne*, devait attirer d'une manière spéciale l'attention du législateur sur la quotité dont les époux pourraient disposer l'un envers l'autre.

Dès que, dans la vue de conserver aux enfants la possession ou d'assurer aux familles le retour des biens de chaque conjoint, le code avait posé presque en dernière ligne la succession de l'époux à son conjoint, c'était une conséquence de cette résolution que de prohiber entre les époux les donations excessives, destructives des droits des familles de chacun d'eux.

Les dispositions de l'art. 913, arrêtées dans le but de mettre une portion de l'héritage des enfants à l'abri de l'avidité des étrangers, sont suffisantes quand le père ne doit lutter que contre son affection envers ceux-ci; et, s'il est vrai que les parents puissent, au moyen de cet article, modifier la position respective de leurs enfants, en avantageant les uns au détriment des autres, l'affection paternelle n'est aux prises dans ces circonstances qu'avec elle-même. Mais ces précautions sont-elles suffisantes quand l'amour conjugal se trouve aux prises avec l'amour paternel (1)? Et alors,

(1) Le droit romain ne l'avait pas pensé, quand Ulpien, aux plus beaux siècles de la jurisprudence, défendait aux époux les donations entre-vifs, *ne mutuo amore invicem inter se spoliarentur, donationibus non temperantes.* — Au plus fort de la révolution de 93, la loi du 17 nivôse an II réduisait à l'usufruit de la moitié des biens les avantages entre époux, lorsqu'il y avait des enfants communs ou nés d'un mariage précédent.

le cas exceptionnel où l'enfant se voit réduit à sa légitime, au lieu d'être borné dans ses rares applications, ne deviendrait-il pas le cas ordinaire, par suite des influences incessantes de la vie commune de deux époux?

Le tribun Jaubert disait avec beaucoup de sens : « Tel est l'effet de l'union intime des époux, que, sans rompre les liens du sang, leur inquiétude et leur affection se portent plutôt sur celui des deux qui survivra que sur les parents qui doivent leur succéder. »

« Les rédacteurs du code, dit encore M. Marcadé, étaient des hommes de pratique. Or, dans la pratique des affaires, on est étonné de voir combien les époux sont enclins à se donner, et combien ils sont peu enclins à donner à leurs enfants. »

C'était là le péril qu'avait à redouter le législateur, en laissant la quotité disponible entre époux soumise aux règles des art. 913 et suivants (1).

D'un autre côté, il fallait aussi laisser aux conjoints une certaine faculté de reconnaître leurs soins l'un envers l'autre, et de se témoigner mutuellement leur affection par des libéralités exercées dans une juste mesure.

La conciliation de ces intérêts, opposés, mais respectables tous deux, donna naissance aux art. 1094 et 1098, qui mettent en dehors du droit commun les dispositions relatives à la quotité disponible entre époux.

De graves controverses ont été soulevées à propos de l'in-

(1) Il est inutile d'ajouter que, si le conflit de ces deux affections, conjugale et paternelle, est à craindre pour les descendants, les mêmes appréhensions du législateur n'existent plus quand il s'agit d'ascendants, dont la position est presque toujours indépendante de celle de leurs enfants. Aussi a-t-on augmenté la portion disponible des époux au-delà des limites de l'art. 915, lorsque le prémourant ne laisse que des ascendants. Du reste, nous examinerons bientôt si le législateur, dans cette dernière hypothèse, ne s'est pas au contraire montré trop généreux envers les époux.

terprétation de ces articles ; et l'on en est venu de nos jours jusqu'à nier les idées de conciliation qui avaient guidé le législateur, jusqu'à l'accuser d'imprévoyance, d'imprudence. On a tenté de renverser, à l'aide de théories spécieuses, un texte d'une précision inattaquable.

II. — Un seul reproche, celui d'imprévoyance peut être adressé aux rédacteurs du code, à propos du sort de l'époux survivant ; et voici en quoi consiste cet oubli regrettable :

Dans le droit romain de Justinien, la quarte du conjoint pauvre assurait à l'époux survivant des moyens d'existence en rapport avec la fortune et la position antérieure des conjoints (1).

Dans l'ancienne jurisprudence des pays de droit écrit, l'augment et le contre-augment légaux, calculés sur l'importance de la dot apportée par la femme, étaient encore, comme la quarte du conjoint pauvre de la Novelle 53, des moyens assurés d'existence pour l'époux survivant. Dans les pays de coutume, ni la veuve, ni le mari n'avaient d'augment, de quarte de conjoint pauvre, ni de contre-augment ; mais la veuve avait droit à un douaire coutumier, à défaut d'un douaire conventionnel, et l'époux survivant prenait sa part de la communauté.

Eh bien ! il est constant que les auteurs du code civil avaient pensé à une institution de même nature, bien que, avec le système de communauté établi comme droit commun, la nécessité s'en fit moins vivement sentir qu'au temps où une partie de la France était soumise au régime dotal.

En effet, lors des discussions au conseil d'état, lorsqu'on eut voté les articles relatifs aux droits successoraux de l'époux survivant, Maleville fit observer qu'on avait omis

____

(1) Plus tard, il est vrai, Justinien détruisit en partie la Novelle 53 par la Novelle 117, où il n'admit plus la quarte du conjoint pauvre qu'en faveur de la femme.

une disposition admise par la jurisprudence , et qui donnait une pension à l'époux survivant, lorsqu'il était pauvre et qu'il ne recueillait pas la succession.

Treilhard répondit que, par l'art XL, on lui accordait l'usufruit du tiers des biens (1).

Or, cet art. XL est actuellement l'art. 754 du code civil; et s'il est bien vrai qu'il établit un usufruit du tiers des biens au profit des époux, c'est dans un cas absolument autre que celui dont parlait Maleville. Il s'agit seulement, dans cet article, d'un usufruit accordé au survivant du père ou de la mère sur le tiers des biens auxquels il ne succède pas, dans un partage où il vient, *comme ascendant*, en concours avec certains collatéraux.

Maleville (2) se plaignit bientôt amèrement de la déception où tout le conseil avait été jeté avec lui par la réponse affirmative de Treilhard ; et il insista sur la possibilité de respecter la vieille jurisprudence, même en présence du silence du code. Il se trompait en croyant que l'équité et l'honneur du mariage autorisaient suffisamment les tribunaux à se conformer aux anciens usages ; et lorsque ses plaintes éclatèrent, il n'était plus temps. Déjà le tribun Jaubert, se méprenant sur les motifs qui avaient produit cette lacune dans le code, et la croyant intentionnelle, disait devant le corps législatif : « Le douaire coutumier assurait aux épouses des avantages qu'elles ne doivent tenir que de la volonté libre, réfléchie et reconnaissante » ; et il reproduisait cette idée au sujet des gains de survie réciproques.

Ajoutons enfin que les autres nations de l'Europe qui ont

(1) Suivant Favard de Langlade et Fénet, c'est à l'art. LV que Treilhard renvoya Maleville ; suivant Locré , c'est à l'art. XL. Mais peu importe : car aucun de ces articles ne porte ce que Treilhard assurait y être contenu.

(2) Analyse du code civil, sous l'art. 767.

accepté notre code civil, en le modifiant, ont toutes resti-
tué à l'époux survivant des droits dont il est privé en
France par suite de cette lacune regrettable (1).

On voit que nous ne nous dissimulons aucun des vices de
rédaction de notre code ; et nous nous sommes déjà expliqué
assez nettement dans cette thèse sur plusieurs points où les
législateurs nous ont paru avoir fait fausse route. Mais ici,
à part cet oubli, fruit d'une légèreté impardonnable, et sans
que nous prétendions que les rédacteurs du code civil aient
parfaitement combiné toutes les dispositions relatives aux
quotités disponibles au profit des étrangers, des enfants et
des époux, nous pensons que, bonnes ou mauvaises, ces
dispositions ne laissent aucun doute sur leur portée.

III. — Un écrivain connu par diverses publications, et
professeur de la faculté de Toulouse, M. Bénech, a publié
sur la quotité disponible entre époux un traité très-bril-
lant, mais paradoxal, où il tente de renverser tout ce qui
jusqu'ici avait été adopté comme vérités incontestables ; et il
a entraîné avec lui, dans une route que nous croyons fausse,
une partie des auteurs modernes les plus recommandables. Il
s'est attaqué de front à la jurisprudence constante de la cour de
Cassation, qui, du reste, méritait une partie de ses reproches ;

(1) Deux fois l'attention de l'assemblée nationale a été appelée,
cette année, sur cette omission, qu'on la mettait à même de réparer.
La première fois, on proposait directement un article additionnel
sur la succession des époux ; la seconde fois, on arrivait indirectement à un but analogue, en demandant que les successions ne
s'étendissent pas en ligne collatérale au-delà du quatrième degré :
le successeur au-delà de ce degré eût été par conséquent le conjoint survivant, ou, à son défaut, la République. Nos législateurs
ont regardé comme une tentative *socialiste* ces deux propositions,
dont la première surtout était la reproduction innocente des articles
des codes prussien, autrichien, sarde, napolitain, etc., codes
très-peu *socialistes*.

et la cour de Cassation, dans ces trois dernières années, a relevé le défi en sanctionnant par de nombreux arrêts tous ses anciens errements.

D'un autre côté, nombre de cours d'appel luttent aussi contre la cour de Cassation.

C'est au milieu de ce dédale de discussions animées, de controverses où l'on en est arrivé à traiter *d'absurde* l'opinion de ses adversaires ; c'est en face de ces solutions contraires de la jurisprudence, qu'il nous faut aujourd'hui aborder l'interprétation de l'art 1094.

IV. — Le code civil, par les art. 1094 et 1098, a prévu quatre cas dans lesquels peut se trouver l'époux qui veut gratifier son conjoint :

1° Ou cet époux ne laisse ni ascendants ni descendants, et alors il jouit de la même faculté de disposer au profit de son époux que s'il gratifiait un étranger. C'est ce qu'indique implicitement l'art. 1094 dans son 1er §;

2° Ou bien l'époux qui veut exercer ses libéralités envers son conjoint a lui-même un ou plusieurs ascendants ; et alors il dispose en faveur de l'autre époux de la quotité disponible de l'art. 915, et il peut en outre donner à son conjoint l'usufruit de la quotité réservée aux ascendants. C'est ce qu'autorise formellement le 1er § de l'art. 1094 ;

3° Ou il existe des enfants issus du mariage des deux époux, et, quel qu'en soit le nombre, la quotité disponible entre époux est alors fixée à un quart en propriété et un quart en usufruit, ou bien encore à la moitié en usufruit. C'est ce qu'indique le 2e § du même article;

4° Ou bien enfin l'époux donateur a des enfants issus d'un mariage antérieur ; et alors l'époux gratifié ne peut ni recevoir au-delà d'une part d'enfant le moins prenant, ni être gratifié de plus d'un quart des biens. Ce cas est réglementé par l'art. 1098, que nous étudierons bientôt, après avoir examiné les trois hypothèses que présente l'art. 1094.

Le premier des cas dont nous venons de parler rentrant totalement dans les règles du droit commun, nous n'avons pas à nous en occuper ici; et nous renvoyons aux précédents chapitres, où nous avons examiné tout ce qui concerne la quotité disponible de l'art. 913.

Le second cas, celui où il existe des ascendants, est suffisamment expliqué par la rédaction même du 1er § de l'art. 1094. Nous ferons seulement remarquer la légèreté avec laquelle ont agi, dans cette circonstance, les rédacteurs du code civil. Ils ont permis à l'époux d'attribuer à son conjoint l'usufruit de la part réservée aux ascendants. Or, à l'âge qu'ont ordinairement les ascendants, l'établissement d'une réserve qui ne porte que sur une nue-propriété est une imprévoyance, surtout en présence de l'usufruit concédé à un époux *moins âgé qu'eux*, comme le dit fort bien Maleville, *de toute une génération.*

Qu'arrivera-t-il par suite de cette étrange disposition du législateur? Les ascendants, s'ils sont pauvres, vendront à vil prix leur nue-propriété pour satisfaire à leurs besoins, et les biens ainsi vendus seront perdus pour la famille.

Répondant d'avance à l'objection qu'on devait élever sur cette disposition de l'art. 1094 (§ 1er), Jaubert disait dans son rapport :

« Paraîtrait-il trop rigoureux de priver les ascendants de l'usufruit de la réserve?

» C'est en quelque sorte ne laisser la réserve que pour leurs héritiers. Mais c'est la faveur du mariage.

» Pourquoi la mort d'un époux changerait-elle la position de l'autre, surtout pour des droits qui ne sont ouverts que par l'interversion du cours de la nature. »

Il nous semble que ces motifs sont peu concluants, et qu'ils attaquent l'institution de la réserve des ascendants, sous le prétexte de défendre le législateur. Proudhon (Traité de l'usufr.) prétend justifier cette disposition regrettable en disant que le conjoint donataire ne devra pas moins des aliments aux ascendants du conjoint donateur, et que les richesses sont inutiles dans la main d'un vieillard. Mais il oublie qu'à la mort du conjoint donateur, quand le mariage a été stérile, l'affinité, et par suite le droit aux aliments, sont détruits (206), et qu'en tous cas il était plus rationnel de laisser l'usufruit que la nue-propriété à un vieillard.

V. — Nous arrivons maintenant à la troisième hypothèse; et c'est là que se présentent les plus grandes difficultés. La première de toutes a été soulevée par M. Bénech. Elle gît dans les termes mêmes du second paragraphe de l'art. 1094:

« Et pour le cas où l'époux donateur laisserait des enfants ou descendants, *il pourra donner* à l'autre époux, ou un quart en propriété et un quart en usufruit, ou la moitié de tous ses biens en usufruit seulement. »

Suivant MM. Bénech, Valette, Demante, Zachariæ et Rau, son traducteur, Duranton (dernière édition), suivant enfin toute la faculté de droit de Paris, ce paragraphe ne renferme aucune disposition restrictive du droit commun, mais il renferme au contraire une disposition additive, qui ne détruit en rien celle de l'art. 913.

On oppose, il est vrai, tout d'abord à ces auteurs l'art. 1099, qui défend *aux époux de rien se donner au-delà des dispositions ci-dessus* (c'est-à-dire des art. 1091 à 1098); on leur oppose ensuite l'art. 1091 lui-même, qui indique que le code regarde les libéralités entre époux comme une matière toute particulière, à laquelle il va appliquer des règles spéciales. Ces différents articles en effet semblent donner une portée limitative et restrictive à tout le reste du chapitre.

Ils répondent à ces objections que la rédaction particulière de l'article 1094, et surtout l'économie des différents projets de cet article, discutés au sein du conseil d'état, précisent le sens de ces mots, *pourra donner*, de façon à ne laisser aucun doute sur leur portée énonciative.

« On prétend, dit M. Valette (journal Le Droit, 11 mars 1846), que l'époux ne peut donner à son conjoint *toute la quotité disponible ordinaire*, quand elle se trouve plus forte que le quart en propriété et le quart en usufruit; par exemple la moitié des biens, en supposant un seul enfant. (Voir art. 913.) Où donc trouve-t-on cette règle défavorable à l'époux? Dans le même art. 1094 ? Mais cet article se borne à *permettre*, il ne prohibe rien; ses termes n'ont absolument rien de restrictif ni de limitatif. Le langage de la loi est bien différent dans l'art. 1098, par lequel, dans le but de protéger d'une manière toute spéciale les enfants du premier lit, la loi soumet à des restrictions toutes particulières les libéralités faites par le veuf ou la veuve à son nouvel époux. C'est alors qu'apparaissent des expressions prohibitives, semblables à celles que la loi avait déjà employées dans les art. 913 et 915 (1).

« Quant à la disposition prohibitive contenue dans l'art. 1099, il est évident, pour nous du moins, qu'elle n'a aucun trait à la détermination de la quotité disponible entre époux. Cette matière a été réglée d'une manière définitive par les dispositions précédentes. L'objet unique de l'art. 1099 est de défendre de dépasser *par des moyens indirects* la mesure de la disponibilité fixée entre époux. »

Voilà, dans toute sa force, l'objection tirée des textes mêmes de la loi. M. Valette résume en ce peu de lignes, d'une manière complète, les raisons déjà émises avant lui par M. Bénech. Examinons quelle en est la valeur.

Il y a tout d'abord quelque chose d'étrange dans cette interprétation terre à terre du sens grammatical *pourra donner*. A quoi bon mettre dans la loi que l'on *pourra donner* telle

____

(1) Ici M. Valette met en regard les art. 1094 et 1098, où l'on remarque, dans le premier, *l'époux pourra*; et, dans le second, *l'époux* NE *pourra*... QUE.

ou telle quotité, si le sens de cette expression n'est pas restrictif, et si elle n'indique pas *tout ce qu'on pourra* donner,
et rien au delà? Fixer la possibilité d'un don, c'est limiter
cette possibilité, c'est limiter ce don. Tous les jours, dans
le langage usuel, on emploie le verbe *pouvoir* avec cette signification absolue. Et si quelque faculté, permission ou latitude a été indiquée par l'emploi d'un tel mot, c'est qu'il
était simple que, dans un cas où il s'agit de libéralités toutes
volontaires, on indiquât le plein pouvoir du donateur de
donner ou de ne pas donner. C'est aussi ce que M. Bénech a
compris dans la seconde partie de son ouvrage (p. 217), lorsqu'il s'exprime ainsi : « L'époux peut bien disposer en faveur de son conjoint de toute la quotité réglée par cet article
combiné avec l'art. 913; mais il est libre aussi de ne lui en
donner qu'une partie, comme il lui est loisible, à la rigueur,
de ne faire aucune disposition à son profit. »

Du reste, l'emploi de ces mots, *pourra donner*, n'est pas
unique dans le code : il suffit de lire le premier paragraphe
de l'art. 1094 pour retrouver la même expression; et, par
conséquent, on pourrait tenter pour ce premier paragraphe,
la subtile explication qu'on réserve pour le second (1).

Veut-on enfin connaître la véritable raison pour laquelle
cette phraséologie existe dans l'art. 1094, et se fixer sur sa
valeur positive : on trouve la solution de cette difficulté dans
l'historique de la confection des art. 913 et 1094.

Primitivement, l'art. 913 établissait une quotité disponible
toujours plus faible que celle de l'art. 1094; car elle n'était

____

(1) L'ancienne coutume de Bretagne, art. 218, et la très-an-
cienne coutume, chap. 22, contenaient des dispositions conçues
dans les mêmes termes, c'est-à-dire que ce qui y paraissait indiqué permissivement, l'était cependant restrictivement : « Toute personne pourvûe de sens *peut donner* le tiers de son héritage, etc.. »
(V. Poullain-Duparc, Coûtumes générales, etc., sur l'art. 199.)

que d'un quart en propriété. A cette époque, l'art. 1094
avait déjà sa rédaction actuelle. Puisqu'il était extensif de la
quotité ordinaire, il était inutile d'en faire une disposition
restrictive, en mettant dans le texte *l'époux* NE *pourra donner*
QUE. On écrivit donc simplement *l'époux pourra donner.*
Dans la suite des discussions, l'art. 913 fut modifié, et l'on
étendit la quotité disponible bien au-delà des prévisions du
premier projet ; mais la quotité fixée par l'art. 1094 fut res-
pectée, et l'on s'abstint de toucher à la rédaction primitive,
qui est parvenue jusqu'à nous.

M. Bénech parle lui-même de ces art. 913 et 1094. Mais,
pour y trouver la solution de la difficulté qu'il a soulevée sur
l'interprétation de ces mots, *pourra donner,* il est obligé de
prétendre que si, dans le principe, la quotité disponible était
toujours plus forte pour un époux que pour un étranger,
la quotité disponible, augmentée depuis pour l'étranger, *a dû*
s'accroître aussi pour l'époux (1).

Nous ne pouvons admettre qu'une seule partie de ce rai-
sonnement, qui pose comme démontré le point le plus douteux de la question ; et nous disons que, si les rédacteurs du
code étaient entrés absolument dans les vues des auteurs du
projet, ils *auraient pu* augmenter proportionnellement la
quotité disponible au profit de l'époux, et la mettre en rapport avec la nouvelle rédaction de l'art. 913.

Ils l'auraient *pu,* sans doute ; mais l'ont-ils *fait ?* C'est ce
qu'il faut démontrer ; et le contraire devient manifeste à la
lecture des textes d'abord, puis à la lecture de leurs com-
mentaires légaux.

Voici d'abord Bigot-Préameneu, qui, dans son exposé de
motifs au corps législatif, s'exprime ainsi :

« Si l'époux laisse des enfants, son affection se partage

____

(1) Ici *étranger* signifie tout individu autre que l'un ou l'autre
époux. Ce mot comprend donc même les enfants dans ce sens.

entre eux et son époux; et, lors même qu'il se croit le plus assuré que l'autre époux survivant fera de la totalité de la fortune l'emploi le plus utile aux enfants,... les devoirs de la paternité sont personnels, et l'époux donateur y manquerait, s'il les confiait à un autre; il ne pourra donc être autorisé à laisser à l'autre époux qu'une partie de sa fortune, et cette quotité est fixée à un quart de tous les biens en propriété et un autre quart en usufruit, ou la moitié de la totalité en usufruit. Après avoir ainsi *borné la faculté de disposer*, il ne restait plus qu'à prévenir.... etc. »

Le tribun Jaubert, devant le corps entier du tribunat, s'exprimait absolument dans le même sens :

« S'il reste des enfants du mariage, l'époux survivant ne peut avoir qu'un quart en propriété et un quart en usufruit, ou la moitié de tous les biens en usufruit seulement; *si la disposition avait excédé ces bornes, elle serait réduite proportionnellement.* »

Il est vrai qu'au lieu d'accepter ces explications si importantes, M. Bénech prétend que ni Bigot-Préameneu ni Jaubert n'ont compris la loi, et qu'ils n'avaient pas le pouvoir de donner à l'art. 1094 un sens contraire à celui que le conseil d'état y avait attaché dans ses discussions sur l'ensemble du chapitre. C'est ici, on le voit, que se trouve le nœud de la question.

Que s'est-il passé au conseil d'état à propos de cet art. 1094?

Nous constatons tout d'abord qu'*aucune discussion* n'eut lieu *au conseil d'état* sur l'art. 1094. Seulement, le tribunat ayant proposé de remplacer le mot *héritiers*, qui termine le premier paragraphe, par l'expression plus exacte *ascendants*, il y eut lieu de revenir sur cet article. Mais comme il était parfaitement clair que les *héritiers* indiqués là ne pouvaient être que des ascendants, cette modification fut écartée, précisément parce que le doute n'était pas possible.

Quant au 2e § du même article, le tribunat proposait de dire que l'époux donateur qui laisserait des enfants ou des descendants aurait la faculté de donner à l'autre époux *tout ce dont il pourrait disposer en propriété*, ou la moitié de tous ses biens en usufruit; et il expliquait cette proposition en disant qu'il lui paraissait juste qu'un époux pût donner à son conjoint *autant qu'il pourrait donner à un étranger*, ou la moitié de ses biens en usufruit. Mais cet amendement n'eut aucune suite, et les procès-verbaux gardent un silence absolu sur le sort qui lui fut réservé.

Il nous paraît juste, dès lors, d'induire de ce silence que le conseil d'état, *en parfaite connaissance de cause, puisque le tribunat avait attiré son attention sur ce point*, persista dans ses premiers projets, et que Bigot-Préameneu et Jaubert furent ses véritables interprètes dans les discours dont nous avons parlé plus haut.

Cette induction n'est pas acceptée par M. Bénech, qui s'efforce de démontrer que le silence du conseil d'état et son insouciance pour la nouvelle rédaction proposée sont une preuve formelle de l'adhésion de ce conseil aux vues du tribunat.

Une telle opinion ne peut être admise qu'autant qu'il serait prouvé que le conseil avait véritablement les mêmes idées que le tribunat sur cette question; et qu'ainsi il n'a repoussé la rédaction proposée que parce qu'il jugeait sa propre rédaction suffisante pour exprimer les mêmes intentions.

C'est dans la discussion de l'art. 1098 que M. Bénech a cru voir l'identité des vues du conseil d'état et du tribunat; et c'est Berlier, dit-il, qui la manifesta par un amendement présenté dans les circonstances que voici:

L'art. 1098 prévoit le cas où l'époux binube aurait des enfants de son premier mariage (remarquons bien qu'il ne s'agit que d'enfants d'*un premier mariage*), et où cet époux voudrait faire des libéralités à son conjoint.

Cet article, dans sa première rédaction, disait que l'époux binube ne pourrait donner à son conjoint qu'une part d'enfant légitime le moins prenant, et ce en usufruit seulement.

Cambacérès, tout en approuvant l'idée morale qui avait déterminé la proportion indiquée par cet article, demandait que la part d'enfant pût être donnée non seulement en usufruit, mais en pleine propriété.

Berlier fit alors observer qu'en accordant au nouvel époux la faculté de recevoir une part d'enfant, *même en propriété*, ce qui est raisonnable, il serait peut-être convenable de modifier cette règle ; car, *s'il n'y avait qu'un enfant ou deux du premier mariage*, ET POINT DU SECOND, le nouvel époux pourrait, en partageant avec eux, avoir la moitié ou le tiers de la succession.

Il dit qu'alors il serait juste d'établir, à côté de la règle principale relative à la part d'enfant, une exception portant qu'elle ne pourrait pas, à l'égard du nouvel époux, excéder une quotité quelconque de la succession ; par exemple, le quart.

L'article fut adopté, avec les amendements proposés par Cambacérès et Berlier. (Favard de Langlade, sur l'art. 1098.)

Il nous semble que rien ici ne peut se rapporter à l'art. 1094, où il s'agit d'enfants *nés des deux époux*, enfants dont l'existence modifie le disponible entre ces époux : car dans le cas auquel s'applique l'observation de Berlier, il s'agit au contraire, suivant lui, d'un conjoint donateur *dont le second mariage a été infécond*, mais qui laisse des enfants nés d'une première union.

L'observation de Berlier est parfaitement juste, parfaitement applicable au cas en discussion, à la quotité spéciale que l'on voulait mettre à la disposition de l'époux binube. Mais étendre la portée de cette observation jusqu'à l'art. 1094, c'est ce qui nous semble impossible.

Berlier (prétend M. Bénech) disait que l'époux indiqué

par l'art. 1098 pouvait, en disposant d'une part d'enfant, donner, s'il n'avait qu'un enfant du premier lit, la moitié de ses biens. Or, si l'époux en secondes noces pouvait recevoir cette moitié, l'époux en premières noces, plus intéressant aux yeux du législateur, pouvait la recevoir aussi. Donc Berlier pensait que l'art. 1094 ne s'opposait pas à ce qu'un époux pût recevoir la moitié des biens de son conjoint; donc le conseil, qui adoptait l'amendement de Berlier, avait le même avis que lui sur la portée de l'art. 1094; donc, donc... Et M. Bénech conclut comme nous l'avons vu. Car, ce point prouvé, il ne saurait y avoir de doute sur la véritable portée de l'art. 1094.

Mais Berlier (répondrons-nous) prétendait une seule chose: c'est que l'art. 1098, par un vice de rédaction, permettait à un époux binube de priver ses enfants du premier lit d'une trop forte part de sa succession en faveur de son nouveau conjoint; et ce, *dans le cas où il n'avait pas d'enfants de ce conjoint*. Cet état de choses n'avait donc aucun rapport avec le cas prévu par l'art. 1094, *où les époux ont des enfants de leur mariage;* mais, comme il était utile de le faire cesser, Berlier présenta son observation. Elle fut adoptée; et l'art. 1098 reçut une rédaction plus raisonnable, sans que l'on se livrât à aucune discussion qui eût le moindre rapport à l'art. 1094 (1).

Maleville, dont on a pourtant invoqué l'opinion en faveur du système que nous combattons, a émis son avis sur l'art. 1094 d'une manière fort explicite; et, sans doute, l'avis de

______

(1) M. Marcadé fait observer ici avec raison que les termes dont s'est servi Berlier impliquent contradiction avec la signification qu'y attache M. Bénech. Berlier, en effet, dit: *S'il y a des enfants d'un premier mariage, et qu'il n'y en ait pas du second.* Ces paroles ne signifient-elles pas que Berlier savait bien que, s'il y avait des enfants issus du second mariage, il n'y aurait plus lieu, pour l'époux gratifié, de recevoir le tiers ou la moitié de la succession de son conjoint, parce qu'alors l'art 1094 serait applicable?

ce jurisconsulte, par la participation importante qu'il a prise aux discussions du code, est d'un aussi grand poids dans cette question que le pourrait être celui de Berlier, s'il était même permis de se méprendre sur la portée des paroles de ce dernier. Or, Maleville dit que, « dans ses dernières dispositions (le § 2), l'article s'écarte des règles ordinaires, de celles même posées dans l'art. 913. *Il forme* UN DROIT PARTICULIER *pour les époux.* »

En vérité, n'est-on pas affligé de voir un esprit comme celui de M. Bénech déployer tout son talent afin de tourner l'obstacle qu'élèvent contre son système ces simples mots de Maleville, et s'efforcer de démontrer que Maleville a dit tout le contraire de ce qu'on vient de lire!

Mais nous avons encore un autre reproche à adresser à M. Bénech. Cet auteur, en effet, après avoir avancé que ni Bigot-Préameneu ni Jaubert n'avaient compris la loi dont ils parlaient ; — après avoir si étrangement interprété l'amendement de Berlier et le silence gardé par le conseil d'état sur la rédaction proposée par le tribunat ; — après avoir essayé de trouver un sens favorable à son système dans les paroles de Maleville, — s'attaque à Toullier, qu'il accuse d'avoir, *le premier,* professé que l'art. 1094 établit une quotité particulière, uniforme, entre époux. Un rapprochement de date prouvera l'inexactitude de cette assertion : Toullier a publié sa première édition en 1811.

Avant lui, Levasseur avait professé les mêmes doctrines, dans son ouvrage sur la Portion disponible, édité en 1805.

Avant Toullier aussi, en 1800, Grenier, qui partage le même avis, avait publié son Traité des Donations.

Enfin, Maleville, que nous venons de citer, fit paraître en 1805 son Analyse de la discussion du code civil.

Nous croyons qu'il serait facile de rapprocher encore quelques dates tout aussi convaincantes. Mais nous ne sommes pas ici dans le domaine de la bibliographie ; et ce que nous venons de dire doit suffire pour prouver l'étrangeté de l'imputation dirigée contre Toullier. D'ailleurs, M. Bénech devait connaître les éditeurs responsables de l'opinion qu'il combat, puisqu'il a cité lui-même les discours de Jaubert et de Bigot-Préameneu !

En résumé, il nous semble bien démontré que l'intention formelle du législateur a été de créer, au profit des époux qui ont des enfants de leur mariage, une quotité disponible spéciale, dérogeant à la quotité ordinaire de l'art. 913.

Mais il ne nous suffit pas d'avoir constaté, *en fait*, cette intention : nous devons la défendre contre les attaques dont elle a été l'objet.

Est-il vrai qu'il soit *absurde* de n'avoir pas basé cette quotité sur le nombre des enfants ; et l'application de l'art. 1094, qui donne à l'époux gratifié *tantôt plus, tantôt moins qu'une part d'enfant*, doit-elle être l'objet de la vive critique des auteurs que nous avons nommés ?

On voudrait qu'il fût permis de donner plus ou moins à un époux, en proportion inverse du nombre des enfants issus du mariage. Mais l'affection, qui est le motif des donations entre époux, ne peut dépendre du nombre de ces enfants ; et ce serait un étroit calcul que de resserrer les bornes de la libéralité des époux à mesure qu'il existerait des gages plus nombreux de leur tendresse. D'ailleurs, quel que soit le nombre des enfants, les besoins de l'époux gratifié sont les mêmes ; et il est juste que la satisfaction de ces besoins ne souffre pas des suites d'un mariage plus ou moins fécond.

Il faut concilier à la fois, et l'intérêt des enfants, en défendant des libéralités excessives, et l'intérêt de l'époux gratifié, en lui créant une position indépendante, où il ne voie pas dans ses fils un obstacle à son bien-être. Mais cette conciliation ne peut avoir lieu que par l'établissement d'une quotité fixe et invariable ; et le législateur, qui a établi la quotité de l'art. 1094, a suivi une marche très-logique et très-naturelle.

En principe donc, une quotité spéciale et invariable répondait le mieux au but du législateur. Mais le chiffre alternatif de cette quotité (la moitié en usufruit, ou un quart en propriété et un quart en usufruit) est-il à l'abri de tout reproche?

On a fait observer avec raison que les deux quotités laissées au choix du disposant n'offrent pas des valeurs égales, et que la première (la moitié en usufruit) était comprise et dépassée dans la seconde (le quart en propriété et le quart en usufruit). En effet, le quart en pleine propriété se compose d'un quart en nue-propriété et d'un quart en usufruit; or, en ajoutant à ce dernier quart l'autre quart en usufruit, on compose *une moitié en usufruit* PLUS UN QUART EN NUE-PROPRIÉTÉ.

Delvincourt, pour expliquer cette combinaison peu adroite, prétend que si, après avoir permis le don du quart en usufruit et du quart en propriété, le législateur a permis le don de moitié en usufruit, « ces mots ont été ajoutés dans la prévoyance du cas où, l'époux donataire étant fort âgé, l'on aurait pu prétendre que la donation des trois quarts en usufruit par exemple n'excédait pas celle du quart en propriété et du quart en usufruit; or la loi n'a pas voulu que la donation excédât la moitié de la succession en usufruit, quel que fût d'ailleurs l'âge du donataire. »

Il est assez difficile de comprendre comment pourrait se présenter, en présence du texte de l'art. 1094 (même ne portât-il pas ces mots, *ou la moitié en usufruit*), l'hypothèse dont parle Delvincourt; et nous pensons qu'il n'a pas trouvé le secret de cette singulière rédaction.

Au contraire, on s'en rend aisément raison lorsqu'on se reporte au premier projet du code en matière de quotité disponible. Alors, en effet, la quotité ordinaire (modifiée plus tard dans l'art. 913 actuel) était invariablement d'un quart; et un article (remplacé depuis par l'art. 917 actuel) limitait les libéralités en usufruit dans le même cercle que celles en pleine propriété. L'époux ne pouvait donc recevoir de son conjoint *qu'un quart en pleine propriété* ou un *quart en usufruit,* suivant les règles de la quotité disponible ordinaire du projet du code.

Mais on jugea que cette quotité disponible ordinaire était insuffisante entre époux; et l'on autorisa en outre la disposition *d'un quart en usufruit.* Et ce dernier quart, en se combinant avec la quotité ordinaire, fixée à un quart en propriété ou en usufruit, a produit le résultat singulier que nous avons signalé, et qui a sans doute échappé à l'attention du législateur.

La disposition du projet de code civil qui ne permettait pas de dépasser, dans les donations en usufruit, la quotité spécifiée pour les donations en pleine propriété fut remplacée, comme nous venons de le dire, par l'art. 917; et cet article, conçu dans un tout autre esprit, donne le choix aux réservataires, lorsque le disposant a dépassé par un don en usufruit la quotité des art. 913 et 915, soit d'abandonner le disponible en pleine propriété, soit d'accomplir la volonté du disposant. Mais ce texte ne peut être appliqué lorsqu'il s'agit de libéralités entre époux. En effet, ces libéralités étant déterminées par la loi, en usufruit aussi bien qu'en pleine propriété, on peut toujours réduire au taux légal la disposition exagérée en usufruit; de même que, dans les cas des art. 913 et 915, on peut toujours réduire au taux légal la disposition exagérée en pleine propriété. C'est là une déduction de ce principe, que la quotité disponible entre époux est soumise à des règles spéciales, étrangères aux prescriptions des art. 913 et suivants.

VI. — Examinons maintenant la quatrième hypothèse où nous avons dit que peut se trouver l'époux qui veut gratifier son conjoint. Il s'agit du cas où cet époux a des enfants issus d'un premier mariage.

Depuis longtemps, dans notre législation, on avait compris que le sort des enfants dont l'auteur contracte un second mariage doit être l'objet d'un intérêt spécial, et qu'il faut prémunir ces enfants contre les suggestions de leurs beaux-pères et belles-mères.

Le droit romain avait formulé, pour assurer les droits de ces enfants, la loi 6, au Code, *De secundis nuptiis*.

L'*Edit des secondes noces*, promulgué en 1560 par François II, transplanta sur notre sol les principales dispositions de la loi romaine.

Dans son premier chapitre, il est vrai, cet édit ne parlait que des femmes veuves ayant des enfants; mais il était universellement reconnu que les veufs étaient atteints par les mêmes prescriptions.

Le premier chapitre contenait cette disposition :

« Ordonnons que les femmes veuves ayant enfant ou enfants, ou enfants de leurs enfants, si elles passent à nouvelles noces, ne pourront en aucune façon que ce soit donner... à leurs nouveaux maris, père, mère, ou enfants desdits maris, ou toutes autres personnes qu'on puisse présumer être, par dol ou fraude, interposées, plus qu'à l'un de leurs enfants ou enfants de leurs enfants; et s'il se trouve division inégale de leurs biens entre leurs enfants ou enfants de leurs enfants, les donations par elles faites à leurs nouveaux maris seront réduites et mesurées à la raison de celui des enfants qui aura le moins. »

Le second chapitre de l'édit est étranger à notre sujet, attendu qu'il formulait une disposition qui n'a pas été reproduite par le code civil. Il défend aux veufs et veuves de rien donner à leur nouveau conjoint des biens provenus de la succession de l'époux décédé.

Mettons en regard du premier chapitre de l'*Edit des secondes noces* l'art. 1098 du code civil : « L'homme ou la femme qui, ayant des enfants d'un autre lit, contractera un second ou subséquent mariage, ne pourra donner à son nouvel époux qu'*une part d'enfant légitime, le moins prenant*, et sans que, dans aucun cas, ces donations puissent excéder le quart des biens (1). » Il devient alors évident que le chancelier De L'Hôpital, rédacteur de l'édit de 1560, et les rédacteurs du code civil, étaient animés des mêmes intentions.

Seulement le code, encore plus sévère que l'édit, ne veut pas qu'en aucun cas la part du second époux puisse excéder le quart des biens.

La similitude de vues de l'ancien et du nouveau droit nous permet de passer brièvement sur quelques questions de détail soulevées par l'application de l'ancien édit, et qui, d'après l'art. 1098, doivent aujourd'hui recevoir les mêmes solutions que sous l'ancienne jurisprudence.

Ainsi, par exemple, un époux binube qui a donné à son second conjoint une part d'enfant le moins prenant, et qui contracte dans la suite un troisième mariage, ayant atteint la limite de ses libéralités, ne peut plus rien donner ou léguer à son nouveau conjoint.

La part d'enfant le moins prenant s'entend, non de la part que l'enfant prendrait *volontairement* moindre qu'elle ne lui est due, mais de la moindre part à laquelle il aurait droit.

(1) En thèse générale, il n'y a plus, sous l'empire du code, d'enfants plus ou moins prenants : car les enfants succèdent tous à leurs parents avec des droits égaux ; et, sous ce rapport, l'expression *le moins prenant*, empruntée à un ordre de choses tout différent du nôtre, n'est plus exacte. Mais cependant, quelle que soit l'égalité des droits de chacun des enfants, les parents peuvent favoriser les uns par des dons ou legs préciputaires, et réduire les autres à leur simple légitime.

Dans ce cas, on conçoit qu'il y ait *un enfant légitime le moins prenant* ; mais, contrairement à ce qui existait dans l'ancien droit, c'est l'acte testamentaire, et non la volonté de la loi, qui aura créé cette infériorité relative de l'un des enfants.

Contrairement aux principes adoptés par les anciens auteurs, nous pensons que le nombre des enfants doit se calculer sans tenir compte des renonçants et des indignes ; mais nous croyons, comme eux, que le droit de demander la réduction ou l'annulation des donations faites au second ou troisième conjoint appartient à tous les enfants des différents lits, puisque, ayant le donateur pour auteur commun, ils ont un intérêt commun à faire réduire la donation excessive faite par cet auteur. Cependant, pour que les enfants du second ou du troisième lit jouissent de ce droit, il faut qu'un enfant du premier lit, au moins, vivant et acceptant l'hérédité, permette ainsi l'application de l'art. 1098.

Il nous reste maintenant à nous occuper des questions beaucoup plus sérieuses qui naissent de la combinaison des libéralités entre époux avec les libéralités faites à des étrangers ; c'est-à-dire de la corrélation des art. 1094 et 913.

CHAPITRE II.

COMBINAISON DES ART. 1094, 913 ET 915.

SOMMAIRE.

I. — *Objet de ce chapitre. Principes posés comme point de départ.*

II. — *Historique de la rédaction primitive de l'art. 1094.*

III. — *Cumul de libéralités faites à un conjoint et à un étranger, ou à un héritier précipulaire, par un seul acte. Différents cas où ce cumul peut avoir lieu. Impossibilité d'application de l'art. 917.*

IV. — *Cumul de libéralités faites à un conjoint et à un étranger dans des testaments de dates successives.*

V. — *Cumul de libéralités faites à un conjoint et à un étranger par donations successives. Divergences dans la doctrine et*

la jurisprudence. *Réfutation de la jurisprudence de la cour de Cassation.*
VI. — *Impossibilité de transformer légalement une quote-part d'usufruit en une portion équivalente de pleine propriété.*
VII. — *Résumé des questions précédentes.*

I. — Par tout ce que nous avons dit dans la première partie de cette thèse, on a pu voir que la réserve des descendants et celle des ascendants formaient un droit spécial, et que ces successeurs ne pouvaient être privés de ce droit que par un texte formel, qui vînt modifier les dispositions des art. 913 et 915.

D'un autre côté, nous avons insisté longuement dans le chapitre précédent pour prouver que l'art. 1094 constituait également une quotité disponible spéciale pour les libéralités entre époux, et que ses dispositions ne pouvaient être invoquées que par les époux, exclusivement à tous autres successibles.

Nous allons maintenant examiner, sous l'empire de ces deux propositions, le sort des dispositions qui concernent simultanément les ascendants ou descendants et les époux.

Nous repousserons tout d'abord, avec la généralité des jurisconsultes et des monuments de la jurisprudence, l'opinion, primitivement émise par quelques arrêts et par quelques auteurs, que les quotités disponibles des art. 913, 915 et 1094, peuvent exister *simultanément juxta-posées.* Un tel système ne tendrait à rien moins qu'à annuler toutes les combinaisons laborieuses des auteurs du code en matière de réserve.

Nous devons donc admettre que les ascendants et descendants ne peuvent jamais être privés de leurs droits, et que les époux seuls doivent profiter des libéralités facultatives indiquées par l'art. 1094. Mais si la formule générale que nous adoptons semble parfaitement claire comme règle fondamentale, une foule de difficultés et de divergences sérieuses dans les opinions les plus éclairées nous arrêtent dès que nous essayons d'en faire une application détaillée.

II. — Pour simplifier l'étude de ces questions délicates et des nombreuses solutions qui se heurtent, nous allons essayer de présenter successivement l'examen des principales hypothèses dans lesquelles les art. 913, 915 et 1094 se combinent et s'influencent réciproquement.

Nous avons déjà parlé (1) du changement qui s'était opéré, lors de la rédaction définitive du code civil, dans l'application de l'art. 1094. Ce changement résulta, non point d'une modification apportée au texte de cet article (car la rédaction demeura constamment la même), mais de la disparition totale d'un système de réserve dont l'art. 1094 faisait alors partie. En effet, dans le projet du code, la quotité disponible de l'art. 913 était d'un *quart* dans tous les cas; et cette quotité avait été augmentée d'un *quart en usufruit* au profit des époux par l'art. 1094. A la suite de nombreuses discussions, le système de réserve adopté par les auteurs du projet du code fut mis à l'écart, et Cambacérès fit adopter l'art. 913 tel qu'il existe actuellement. Puis, quand on en vint à la discussion de l'art. 1094, on se contenta de l'ancienne rédaction, et l'on ne songea plus à la mettre en rapport avec le nouvel art. 913. Il en est résulté qu'au lieu d'avoir une quotité disponible entre époux extensive du droit commun, nous n'avons maintenant qu'une quotité toute spéciale. Mais, malheureusement aussi, la combinaison de ces deux quotités, fondées sous des influences diverses, nous présente actuellement des difficultés que n'aurait pas offertes un système plus régulier dans l'établissement des deux disponibles.

III. — Les libéralités qui nous occupent peuvent avoir été faites à un étranger et au conjoint survivant par un seul

____

(1) V. chapitre précédent, n° V.

et même acte, c'est-à-dire qu'elles peuvent présenter un caractère non équivoque de simultanéité (1).

Alors il peut arriver, suivant le nombre des enfants ou ascendants du disposant, que la quotité disponible la plus forte soit tantôt celle des art. 913 et 915, tantôt celle de l'art 1094.

Supposons d'abord le premier cas.

Le disposant a pu léguer une portion quelconque de cette quotité à un étranger, et léguer le reste à son époux, pourvu que ce reste ne fût pas supérieur à la quotité indiquée par l'art. 1094. Car les légitimaires n'auront pas vu par là leurs droits réduits, et l'époux n'aura bénéficié que dans les limites légales.

Suppose-t-on, au contraire, que la quotité la plus forte au pouvoir du disposant soit celle de l'art. 1094 ; alors la question, très-simple en comparaison des combinaisons que nous étudierons bientôt, ne présente point de difficultés sérieuses.

En effet, pourvu que cette quotité de l'art. 1094 n'ait pas été dépassée ; pourvu aussi que l'époux ait seul profité de cet article, la jurisprudence et la doctrine sont d'accord pour admettre le cumul des libéralités. Par exemple, supposons que, par testament, un père laisse à son épouse l'usufruit de la moitié de ses biens, et à un de ses trois enfants un quart de ces mêmes biens en nue propriété : il n'y aura lieu à aucune réduction. D'un côté, la quotité disponible envers les étrangers était d'un quart en pleine propriété, et le père n'a donné qu'un quart en nue propriété : donc il n'a pas dépassé le disponible de l'art. 913. D'un

(1) Ici nous entendons par étranger toute personne autre que le conjoint. Les enfants sont donc pour nous des étrangers. En effet, l'art. 913 permet au disposant de transporter la quotité disponible aussi bien sur la tête d'un étranger que sur celle d'un ou de plusieurs de ses propres enfants.

autro côté, lo disponiblo envers l'épouso était d'uno moitié en usufruit et d'un quart en nuc-propriété, et l'époux n'a donné que la moitié en usufruit : il est donc resté au-dessous du disponible de l'art. 1094. Enfin le total des deux libéralités n'excède pas la quotité la plus forte dont il pouvait priver ses héritiers.

On prouverait de même que le cumul du don du quart en usufruit fait au conjoint, et du don du quart en pleine propriété fait à un étranger, est parfaitement licite, puisque dans ce cas l'époux a reçu tout l'excédant de l'art. 1094 sur l'art. 913. (V. Toullier, t. V, n° 873 ; Grenier, t. IV, n° 584.)

Si, au lieu d'un enfant préciputaire ou d'un étranger, nous supposons un ascendant et un conjoint, le résultat est encore le même. Ainsi, un époux sans enfants, mais ayant encore sa mère, lègue à son neveu tout son disponible, c'est-à-dire les trois quarts de son bien, et il lègue en même temps à sa femme l'usufruit du quart réservé à sa mère : aucun de ces deux legs n'est jugé réductible. (Lyon, 3 janv. 1826.)

Mais si un père de plus de deux enfants avait donné à un d'eux *un quart en pleine propriété et un huitième en usufruit*, et qu'il eût seulement donné à son épouse le huitième en usufruit, nous aurions bien alors la même somme de libéralités que celle de l'art. 1094 ; mais le disposant aurait profité de cet article (uniquement fait en faveur de l'époux) pour donner à un de ses enfants plus que celui-ci ne peut recevoir d'après l'art. 913. Il n'y aurait donc pas de combinaison *licite, légale,* de ces deux quotités.

On peut encore se demander s'il est permis au disposant soit de cumuler la disposition d'un quart en pleine propriété au profit de l'époux et d'un quart en usufruit au profit de l'étranger, soit de cumuler le don de l'usufruit de moitié à l'étranger et du quart en nue-propriété au conjoint.

D'abord, la première de ces deux hypothèses nous semble

parfaitement légale, quoique l'on ait dit, pour l'infirmer, qu'elle faussait le vœu de l'art. 1094.

Sans doute, quand l'ancien art. 1094 n'avait pour but que d'élargir au profit de l'époux le cercle des dispositions usufructuaires, on pouvait accuser d'être contraire à l'esprit de la loi toute disposition qui faisait indûment profiter de cette augmentation un étranger à qui elle n'était pas accordée par l'ancien système de réserve. Mais aujourd'hui peut-on encore argumenter d'une pensée dans laquelle les rédacteurs du code n'ont pas suivi les auteurs du projet?

Quant au don simultané d'une moitié en usufruit à un étranger, et d'un quart en nue-propriété à l'époux, il n'y a pas lieu de s'y arrêter quand le disposant n'a qu'un enfant; mais, s'il en a deux ou trois, on prétend que la disposition usufructuaire permise en vue de l'époux seul a été appliquée à tort, et en dehors du disponible de l'art. 913.

Quel sera donc le sort de cette libéralité? On pourra dire, d'un côté, qu'elle ne blesse en rien les légitimaires, qui ont le choix indiqué par l'art. 917 d'acquitter le legs d'usufruit ou d'abandonner au légataire la pleine propriété du disponible. Quant à l'époux, il ne peut réclamer, puisqu'il ne tient ses droits que d'une libéralité facultative, et que son conjoint aurait pu abaisser le chiffre de sa libéralité jusqu'à zéro. Enfin la réunion de ces deux libéralités ne dépasse pas la quotité de l'art. 1094.

Mais, d'un autre côté, nous remarquerons que l'art. 917 n'est d'aucune application dans un cas pareil; car, pour que le légitimaire puisse faire abandon de la quotité disponible, fixée au tiers ou au quart en pleine et entière propriété, il faut que ce tiers ou ce quart n'ait été ni absorbé ni entamé. Or, dans l'hypothèse qui nous occupe, l'époux est gratifié précisément d'un quart en nue-propriété. La quotité de l'art. 913 est donc réduite, ce qui enlève au légitimaire la possibilité d'offrir à l'étranger l'alternative de l'art. 917. Il faut donc convenir que, dans ce cas, la libéralité faite à l'étranger a entamé le disponible spécial de l'époux, tandis que la libéralité faite au conjoint a été prise sur la portion dont l'art. 913 permet de disposer même au profit d'un étranger. Dès lors peu importe que la somme des libéralités n'ait pas dépassé le disponible le plus élevé: une autre condition, tout aussi essentielle, manque pour la validité d'une pareille disposition.

Telles sont les solutions les plus convenables à donner, selon nous, aux diverses questions qui peuvent s'élever sur le sort des donations ou legs faits simultanément par un même acte à un conjoint (1) et à un ou plusieurs étrangers.

IV. — Nous ajoutons que, quand il s'agira de legs faits par divers testaments à diverses dates, ces legs n'en devront pas moins être regardés comme faits *simultanément*, puisqu'ils prennent, sinon précisément leur date, du moins leur valeur efficiente, à partir d'une même époque, *celle de la mort du testateur*, suivant l'esprit évident des art. 923, 925 et 926.

V. — Mais ce n'est pas dans tous ces cas que gisent les difficultés capitales de la combinaison des art. 913 et 1094.

Il s'agit en effet de savoir si, quand la portion disponible de l'art. 1094 est la plus forte, et quand on l'a déjà entamée par une première libéralité faite au conjoint, on peut, par une libéralité postérieure, donner à un étranger le complément de cette quotité non épuisée en faveur de l'époux.

Le cas inverse ne suppose aucune difficulté. L'étranger a été d'abord gratifié d'un quart en nue-propriété; le disposant donne ensuite l'usufruit de moitié de ses biens à son conjoint. Rien assurément de plus licite : l'époux a seul profité de l'ex-

____

(1) Voir dans ce sens les arrêts de Cassation des 23 août 1847 (Journ. du Pal., t. 1, 1848, p. 169), 20 décembre 1847 (*Id.* ibid., p. 388) 12 juillet 1848 (*Id.*, t. II, 1848, p. 661).

cédant de sa quotité spéciale sur la quotité ordinaire; le donataire étranger n'a pas reçu tout ce que l'art. 913 lui permet de recevoir; et les deux libéralités cumulées n'excèdent pas la quotité disponible la plus forte.

Mais revenons à notre première hypothèse; et, pour nous faire mieux comprendre, prenons un exemple :

Père de trois enfants, j'ai donné à ma femme par acte entre-vifs l'usufruit de la moitié de mes biens. Puis-je, par une donation postérieure, donner, sans crainte de réduction, un quart en nue-propriété à un étranger, ou à un de mes enfants par préciput?

La cour de Cassation, par sa jurisprudence uniforme depuis 1813 jusqu'en 1849 (1), s'est constamment prononcée pour la négative. Les cours d'appel de Besançon, Douai, Amiens, Riom, ont suivi la jurisprudence de la cour suprême; tandis que celles d'Agen, Limoges, Toulouse, Lyon se sont prononcées constamment dans le sens contraire. Enfin, les cours de Grenoble et de Paris ont rendu chacune trois arrêts sur cette matière, un dans le sens de la cour de Cassation, deux dans le sens opposé (2).

La plupart des auteurs, au contraire, se sont prononcés pour l'affirmative. Nous citerons entre autres Toullier, Delvincourt, et MM. Vazeille, Rolland de Villargues, de Villeneuve, Dalloz, Bénech et Pont.

Mais Proudhon, Duranton et Coin-Delisle ont adopté les principes de la cour de Cassation.

L'argumentation de ces derniers auteurs, celle de la cour de Cassation et des cours d'appel qui l'ont suivie dans ses errements peut se résumer ainsi :

(1) V. arrêts de Cassat., 21 juillet 1813; 24 juillet 1839; 21 nov. 1842; 22 nov. 1843; 27 fév. 1848; 7 mars 1849.

(2) V. ces arrêts au Rép. du Journ. du Pal., v° Quotité dispon., nos 341 et 342.

La libéralité faite à l'époux s'impute d'abord naturellement sur la quotité disponible ordinaire, la seule à laquelle
l'étranger ou l'enfant préciputaire puisse prétendre. Si donc
la libéralité faite à l'époux absorbe cette quotité, il est clair
que les légataires ou donataires ultérieurs, soit enfants préciputaires, soit étrangers, ne trouvent plus rien sur quoi ils
puissent percevoir les libéralités que le disposant a voulu leur
conférer. Et s'il est vrai que toutes les libéralités réunies ne
dépassent pas la quotité indiquée par l'art. 1094, du moins
les dernières ne pourraient être perçues que sur l'excès que
présente le disponible de l'art. 1094 comparé au disponible
de l'art. 913; et cet excédant est spécialement destiné à
l'époux.

Cet argument séduit au premier aspect par l'apparence
d'une déduction logique. Nous démontrerons bientôt qu'il
n'a pas la valeur réelle que la cour de Cassation lui attribue;
mais, auparavant, nous ne pouvons nous empêcher de nous
écrier avec M. Pont :

« Comment concevoir que, le concours de deux libéralités
étant admis lorsque ces libéralités sont faites par un même
acte (ou même par deux actes séparés, mais avec antério-
rité en faveur de l'étranger), ce concours puisse être rejeté
lorsque c'est l'ordre inverse qui a été suivi, sous le prétexte
que l'extension du disponible profiterait dans ce cas à l'étranger? La puissance d'une date ne va pas, pour nous, jusqu'à
nous faire comprendre que, deux libéralités étant faites,
l'une des deux soit valable ou caduque, suivant qu'elles
marchent l'une après l'autre, alors que, dans l'un et dans
l'autre cas, elles comprennent également la même quotité (1).

» ..... Comment cette extension (de l'art. 1094), qui pro-

____

(1) On pourrait ajouter : Et se perçoivent sur la même masse,
au détriment des mêmes réservataires.

fite exclusivement au conjoint lorsqu'il a été gratifié le dernier, et qui lui profite encore lorsque la libéralité lui est
faite dans l'acte même qui contient une donation en faveur
d'un tiers, puisque dans l'un et l'autre cas les deux libéralités
sont validées, comment cette extension cesse-t-elle de lui
profiter lorsqu'il est gratifié en premier ordre ? N'est-ce pas
toujours la même quotité qu'il reçoit ? N'est-ce pas la moitié
en usufruit qui lui est attribuée dans les trois hypothèses ?
D'un autre côté, c'est seulement le quart en nue-propriété
qui, dans toutes les hypothèses, est donné au tiers gratifié
concurremment avec l'époux ; et dès-lors il y a quelque chose
qui s'explique mal à dire que ce tiers participe à un privilége
personnel à l'époux, par cela seul qu'il vient en concours avec
lui, alors que, dans les termes du droit commun, il aurait
pu recevoir le quart de la propriété. »

Mais cette anomalie frappante n'est pas le principal défaut
que nous puissions reprocher à ce système, qui, malheureusement, tend chaque jour à s'implanter davantage dans notre
jurisprudence.

Il est fondé sur une supposition toute gratuite, et sur une
évaluation erronée de l'usufruit.

Sur une supposition gratuite, disons-nous : car, pour l'admettre, on suppose qu'une moitié en usufruit est équivalente
à un quart en pleine propriété. En prenant pour point de
départ cette proposition, qu'il faudrait cependant démontrer,
on continue ainsi : Le quart en pleine propriété, c'est, dans
le cas qui nous occupe, le montant exact du disponible de
l'art. 913; par conséquent, le disposant épuise au profit de
son conjoint la seule quotité dont il pourrait gratifier un
étranger, et celui-ci ne peut plus rien prétendre après une
telle libéralité.

Examinons cependant les art. 913 et 1094, et voyons s'ils
ne se prêtent pas à une autre combinaison, qui, par cela
seul que le disposant s'est cru permise une nouvelle disposi-

tion postérieure à la libéralité faite à son conjoint, peut être la combinaison très-licite à laquelle il s'est arrêté.

Le quart en pleine propriété de l'art. 913 se divise naturellement en :

1° Un quart en usufruit;

2° Un quart en nue-propriété.

La moitié en usufruit de l'art. 1094 se divise aussi en deux quarts en usufruit.

Dans ces circonstances, pourquoi le disposant n'aurait-il pas combiné ainsi ses libéralités en faveur de son conjoint et d'un étranger?

1° Il donne à son conjoint un quart en usufruit pris dans l'art. 1094.

2° Il lui donne encore un second quart en usufruit pris sur le quart en pleine propriété, quotité disponible de l'art. 913.

Ces deux quarts en usufruit forment la moitié donnée au conjoint.

3° Il reste encore disponible, sur la quotité ordinaire de l'art. 913, un quart en nue-propriété.

C'est là le dernier quart dont le disposant gratifie, très-légalement suivant nous, soit un de ses enfants, soit un étranger.

Ainsi, dès qu'il y a moyen d'expliquer d'une manière légale la volonté du disposant, l'on a tort d'y donner une interprétation qui l'annihile : c'est se mettre en contradiction avec l'axiome qui enseigne que les actes doivent s'entendre *potius ut valeant quam ut pereant*, axiome nationalisé dans notre droit par l'art. 1157 du code civil.

M. Marcadé attaque la jurisprudence de la cour de Cassation par un autre argument. Suivant lui, chaque fois que la libéralité faite au conjoint se présente comme étant le résultat naturel du bénéfice de l'art. 1094, l'on doit penser que le disposant a gratifié son conjoint sur le disponible spécial affecté aux libéralités des époux. Et si, en dehors de ce disponible, il est fait une libéralité à un étranger, on doit penser aussi que cette libéralité est conférée sur le disponible ordinaire. De cette façon, il ne s'agit plus que d'examiner si les deux libéralités réunies dépassent la quotité la plus forte dont le disposant ait pu priver les légitimaires. Et comme, dans l'hypothèse qui nous occupe, la quotité la plus forte, celle de l'art. 1094, n'a pas été dépassée, M. Marcadé en conclut que ces libéralités sont toutes deux parfaitement valables.

La distinction introduite par cet auteur, et qui consiste à savoir si le disposant a voulu avantager son conjoint sur le disponible de l'art. 1094 plutôt que sur celui de l'art. 913, nous semble peu fondée : car suivant ce que nous venons de dire, le don ultérieur fait à l'étranger est une preuve que le disposant n'a pas cru avoir alors dépassé la limite mise à ses libéralités, ni l'avoir tout d'abord atteinte.

VI. — Mais l'erreur de la cour de Cassation est d'autant plus grande que les partisans de cette doctrine, loin de chercher à la volonté du disposant une interprétation légale, l'attaquent par un moyen que nous croyons fort illégal. L'évaluation d'une moitié d'usufruit à un quart de pleine propriété, qui forme la base de l'argumentation que nous combattons, n'est nullement écrite dans la loi, comme nous l'avons déjà dit. Les rédacteurs du code civil ont, au contraire, cherché à éviter cette évaluation, toujours difficile, très-souvent arbitraire. Et si une loi de finances, pour la perception des droits d'enregistrement, donne cette évaluation à l'usufruit, c'est que le fisc a ses exigences particulières, auxquelles il faut nécessairement satisfaire. Mais s'appuyer sur une loi fiscale dans la discussion d'un point de droit civil, c'est ce que nous refusons d'admettre!

Toullier confirme formellement la pensée du législateur. « Dans l'art. 917, dit-il, comme dans l'art. 612, *et en toute autre occasion*, le code a voulu éviter les difficultés que présente une évaluation qui dépend de la durée de la vie des

usufruitiers et de leur nombre. S'il avait exigé cette évaluation préalable, *il en aurait tracé les règles*, sur lesquelles
on n'était pas d'accord dans l'ancienne jurisprudence.» (T. V,
n° 142.)

VII. — En résumé, une simple question de date ne nous
paraît pas de nature à entraîner tout ce luxe d'argumentations
contraires. Ce qui importe à la loi, c'est que la quotité la
plus forte qui puisse être enlevée aux légitimaires ne soit pas
dépassée, c'est que les art. 1094 et 913 ne soient pas en-
tendus de façon à renverser toute l'économie de chaque système de réserve. Dès que ces résultats sont obtenus, le
disposant doit exercer ses libéralités sans qu'on lui oppose
des entraves et des obstacles qui apportent le trouble dans
les familles. On est époux avant d'être père ; le contrat de
mariage règle le sort des conjoints, et laisse le plus souvent
celui des enfants dans l'oubli. Il est bon et juste qu'on puisse
légalement revenir sur une omission, et trouver encore
moyen d'exercer plus tard dans sa famille le droit de punition
et de récompense concédé aux pères et mères par l'art. 913,
qui ne serait sans cela qu'un texte sans effet.

Nous n'aborderons pas plusieurs combinaisons des art. 913
et 1094, qui peuvent être facilement étudiées à l'aide des
principes que nous nous sommes efforcé de poser dans ce
chapitre. Notre but, ainsi que nous l'avons dit dans notre Introduction, n'a jamais été de composer un traité complet
et pratique sur la quotité disponible. Nous avons voulu
seulement soumettre à nos excellents professeurs notre opinion sur les points les plus controversés dans cette difficile matière.

PROPOSITIONS.

DROIT ROMAIN.

1. — L'esclave, en droit romain, n'était pas une *chose*, mais une *personne*.

2. — Le mariage romain, comme contrat civil, n'était soumis à aucune forme légale de célébration.

3. — Les lois agraires n'avaient pas pour but la division du sol entre les citoyens, mais l'acquisition du domaine quiritaire sur les terres de *l'ager publicus* concédées par l'état.

4. — L'axiome *Veritas convicii non excusat*, usité en matière d'injures et de diffamation, a été puisé dans le droit canonique et non dans le droit romain.

DROIT FRANÇAIS.

5. — Une ... ... la loi, qui augmente ou diminue la quotité disponible, ... d'effet rétroactif sur les libéralités antérieures, quand ... ... libéralités résultent d'actes de donation; mais il en est autrement si les libéralités sont constituées par actes testamentaires.

6. — Un testateur ne peut interdire à son héritier légitime ou institué l'acceptation sous bénéfice d'inventaire.

7. — On doit réputer acquêts de communauté les acquisitions d'immeubles faites par le mari, pendant la communauté, avec des deniers qu'il a exclus de la communauté et s'est constitués propres par contrat de mariage, alors même que le mari aurait déclaré faire emploi de ses deniers propres pour ces acquisitions.

DROIT CRIMINEL.

8. — Le pouvoir discrétionnaire du président d'une Cour d'assises ne s'étend pas jusqu'à autoriser l'audition, même

sans serment préalable, et à titre de simples renseignements, d'une des personnes désignées par l'art. 322 du code d'inst. crim., lorsque l'accusé s'y oppose.

9. — Si la législation actuelle punit le meurtre ou les blessures résultant d'un duel, ces blessures, quelle que soit la durée de la maladie ou de l'incapacité de travail, constituent une tentative de meurtre; et c'est devant le jury que devrait être traduit l'individu prévenu d'avoir fait ces blessures.

PROCÉDURE CIVILE.

10. — Le juge commis pour une enquête est chargé de veiller à l'exécution de la prohibition établie par l'art 268 du code de pr. civ. — Cette prohibition est absolue et d'ordre public; et les parties ne peuvent valablement s'entendre pour se dispenser réciproquement de s'y conformer.

DROIT ADMINISTRATIF.

11. — Si un conflit n'a pas été élevé en temps utile par l'autorité administrative compétente, à l'occasion d'une contestation portée devant un tribunal ordinaire, et qu'elle ait laissé acquérir au jugement de ce tribunal l'autorité de la chose jugée en dernier ressort, elle ne peut ni en arrêter ni en empêcher l'exécution, lors même qu'il serait évident que la contestation jugée par le tribunal ordinaire était de la compétence d'un tribunal administratif.

A.-G. JOUAUST.

Vu pour l'impression,

Le Doyen,   H. RICHELOT.

Vu et permis d'imprimer,

Le Recteur de l'Académie,

TABLE

DES MATIÈRES.

SECONDE PARTIE.

FIN.

www.ingramcontent.com/pod-product-compliance
Ingram Content Group UK Ltd.
Pitfield, Milton Keynes, MK11 3LW, UK
UKHW021227140726
13695UKWH00002B/813

9 782013 585521